Themen neu 2

**Spiele, Bilder, Vorlagen
zum Kopieren**

von Dagmar Paleit

Max Hueber Verlag

Quellenverzeichnis

Seite 6: alle Fotos: Gerd Pfeiffer, München
Seite 9: Maria Schell: Agentur Lionel von Knesebeck, München; Heinz Rühmann: Hertha Rühmann, Berg
Seite 12: oben links: Henri Rousseau, Bildnis des Schriftstellers Pierre Loti, um 1920: Kunsthaus Zürich; oben rechts: Paul Cézanne, Madame Cézanne: Michel Kunstverlag, Nürnberg; unten links: Pablo Picasso, Olga Koklowa: © Succession Picasso/VG Bild-Kunst, Bonn 1998; unten rechts: Vincent van Gogh, Selbstbildnis 1890: Edition Cicero GmbH, Hamburg
Seite 17: Foto: Werner Bönzli, Reichertshausen
Seite 18: imu-bildinfo, Essen
Seite 30/31: Ruth Kreuzer, London
Seite 35: Comic aus: Beziehungskisten © Stefan Siegert, Hamburg
Seite 40: nach: Die Zeit Nr. 8/97, Hamburg
Seite 45: © WNI meteo consult GmbH, Ingelheim
Seite 49: von einem japanischen Schüler aus Toyohashi: Dr. Paul Schwarz, Landau
Seite 58: Globus Infografik, Hamburg
Seite 60: oben: Werner Bönzli, Reichertshausen; rechts: dpa (Ansa Ciro Fusco); links: dpa (Bernd Settnik)
Seite 68: Fotos: Gerd Pfeiffer, München
Seite 70: Gedichte aus: Joachim Ringelnatz, Das Gesamtwerk in sieben Bänden, © 1994 by Diogenes Verlag AG Zürich

Ⓡ Dieses Werk folgt der seit dem 1. August 1998 gültigen Rechtschreibreform. Ausnahmen bilden Texte, bei denen künstlerische, philologische oder lizenzrechtliche Gründe einer Änderung entgegenstehen.

Das Werk und seine Teile sind urheberrechtlich geschützt.
Jede Verwertung in anderen als den gesetzlich zugelassenen
Fällen bedarf deshalb der vorherigen schriftlichen
Einwilligung des Verlages.

3. 2. 1.	Die letzten Ziffern
2003 2002 2001 2000 1999	bezeichnen Zahl und Jahr des Druckes.

Alle Drucke dieser Auflage können, da unverändert,
nebeneinander benutzt werden.
1. Auflage
© 1999 Max Hueber Verlag, D–85737 Ismaning
Zeichnungen: Martin Guhl, Cartoon-Caricature-Contor München
Layout und Herstellung: Kerstin Graf
Druck: Schoder Druck, Gersthofen
Printed in Germany
ISBN 3–19–451522–5

Inhalt

Seite

Vorwort 4

Lektion 1

1	Personen beschreiben	5
2	Beschreiben und beurteilen	6
3	Heirats- und Bekanntschaftsanzeigen	7
4	Spiel mit Farben	8
5	Früher oder später	9
6	Berufskleidung: Wie muss ein ... aussehen?	10
7	Kleiderordnung in Firmen	11
8	Bilder alter Meister	12

Lektion 2

9	Spiel: Ich will ... werden	13
10	Träume	14
11	Momentaufnahmen	15
12	Angebote vergleichen	16
13	Lebenslauf Petra Maurer	17
14	Das erwartet die Wirtschaft	18
15	Stellenangebote	19
16	Stellengesuche	20

Lektion 3

17	Spiel: Ich interessiere mich für ...	21
18	Was würden Sie tun?	22
19 a, b	Ich hol' die Leute aus dem Alltagstrott	23
20	Straßenkünstler	25
21	Personen für ein Rollenspiel beschreiben	26
22	Rollenspiel: Ein Streitgespräch?	27

Lektion 4

23	Spiel: Autoquartett	28
24	Radwechsel	29
25 a	Autoteile: außen	30
25 b	Autoteile: innen	31
26	Arbeit = Zeit = Geld	32
27	Die Fernbedienung	33
28	Textpuzzle: Schichtarbeit	34
29	Arbeitsteilung	35

Lektion 5

30 a	Verben: Grundform	36
30 b	Verben: Präteritum	37
30 c	Verben: Partizip II	38
31	Satzanfänge	39
32	Lebensziele und Grundsätze junger Deutscher	40
33 a,b	Spiel: Früher ... ! Heute ... !	41
34	Wer kann das gesagt haben?	43
35	Hieronymus Bosch: Der Landfahrer	44

Lektion 6

36	Den Wetterbericht lesen	45
37	Wunschwetter	46
38	Landschaften in Deutschland	47
39	Wo liegt eigentlich ...?	48
40	Was bedeutet „Deutschland" für Sie?	49
41 a	Sortieren leicht gemacht	50
41 b	Wohin gehört ...?	51

Lektion 7

42	Einpacken oder vorher erledigen? ...	52
43	Abenteuer-Reisen	53
44	Urlaubsangebote	54
45	Rollenspiel: Ein Jahr in Deutschland	55
46 a, b	Berufsleben gut, Familienleben schlecht	56
47	Führend auf den Weltmärkten	58

Lektion 8

48	Interesse wecken	59
49	Sensationsmeldungen	60
50	Mogeln mit der deutschen Politik	61
51 a, b	Zweimal Deutschland – aber welches?	62

Lektion 9

52	Feste planen	64
53 a, b	Ein Spiel um das Altwerden	65
54	Rollenspiel: Wohin im Alter?	67
55	Geburtstage	68
56	Krank im Alter?	69

Lektion 10

57	Vier Gedichte von Joachim Ringelnatz	70
58 a, b	Bücher	71
59 a, b	Lesespiel	73
60	Bücherquartett	75

Vorschläge für den Unterricht 76

Vorwort

Liebe Leserin, lieber Leser,

Sie haben die zusätzlichen Kopiervorlagen zu *Themen neu 2* vor sich liegen. Möglicherweise haben Sie bereits mit *Themen neu 1* gearbeitet und auch auf die *Spiele, Bilder, Vorlagen zum Kopieren* zurückgegriffen. Sie sind somit bestens vertraut mit dem, was wir Ihnen hier bieten.

Mit diesen Materialien wollen wir Ihnen die Arbeit erleichtern. Sie finden hier konkretes Unterrichtsmaterial, das Sie auf Papier oder auf Folie kopieren können – je nachdem, wie Sie es in Ihrem Unterricht einsetzen wollen.

Die Vorlagen in diesem Band sind so gestaltet, dass sie weitgehend auch ohne zusätzliche Erklärungen eingesetzt werden können. Wünschenswert scheint uns, dass Sie die Vorlagen nach Ihren eigenen Vorstellungen verwenden. Ein paar Vorschläge finden Sie im hinteren Teil des Buches.

Mit den Vorlagen wollen wir Ihre Kursteilnehmerinnen und -teilnehmer (KT) animieren, bestimmte Strukturen spielerisch zu üben, aber vor allem auch dem Niveau entsprechend frei zu sprechen. Die Vorlagen sind der Progression des Buches angepasst.

Wann und wie oft Sie das Material einsetzen, entscheiden Sie selbst. Für eine häufigere Verwendung empfehlen wir, die auf Papier kopierten Vorlagen auf Pappe zu kleben und mit Klebefolie zu schützen. Aufbewahren kann man sie in Klarsichthüllen oder Briefumschlägen. So müssen Sie nicht ständig neu kopieren, ersparen sich Arbeit, erweitern kontinuierlich Ihre Materialsammlung und können jederzeit auf Vorlagen zurückgreifen.

Die konkreten Vorschläge für den Unterricht sind auf die einzelnen Vorlagen bezogen. Da einige Spieltypen sich allerdings immer wieder anbieten, möchten wir sie hier kurz allgemein beschreiben.

Memory-Spiele werden in kleinen Gruppen mit drei bis vier KT gespielt. Alle Kärtchen werden gemischt und mit der Beschriftung nach unten auf den Tisch gelegt. Die Schrift oder das Bild darauf darf natürlich nicht durchscheinen. Auch um das zu verhindern ist es sinnvoll, die Papierkopie vorher auf Pappe zu kleben. Die KT decken der Reihe nach jeweils zwei Kärtchen auf mit dem Ziel, möglichst viele zusammengehörige Paare zu finden. Wer ein Paar gefunden hat, darf es behalten und das Spiel fortsetzen. Gewonnen hat, wer die meisten Paare sammeln konnte.

Würfelspiele werden ebenfalls in Kleingruppen gespielt. Außer dem kopierten Spielplan benötigen Sie ausreichend viele Spielfiguren und mindestens einen Würfel. Ziel des Spiels ist es, das Zielfeld zu erreichen. Vor Spielbeginn muss festgelegt werden, ob dies mit einem genauen Wurf passieren soll oder ob das Zielfeld auch mit einer darüber hinausreichenden Zahl belegt werden kann. Weitere Vorgaben, die den KT von anderen Würfelspielen bereits bekannt sind, sind ebenfalls vorab zu klären.

Schummeln oder *Mogeln* erfreut sich meist großer Beliebtheit. Eigentlich wird es mit normalen Karten gespielt, die in fester Reihenfolge abgelegt werden. Wer gerade keine passende Karte in der Hand hat, kann versuchen zu schummeln, indem er behauptet, die abgelegte Karte sei die richtige. Wer allerdings dabei ertappt wird, muss nicht nur die eigene Karte, sondern dazu auch noch den ganzen Stapel zurücknehmen. Ziel des Spiels ist es, die eigenen Karten so schnell wie möglich abzulegen.

In unseren Erläuterungen verwenden wir die Abkürzungen KL für die Kursleiterin oder den Kursleiter und KT für alle Kursteilnehmenden. Wegen der besseren Lesbarkeit haben wir uns außerdem zur Verwendung der maskulinen Form entschieden.

Wir wünschen Ihnen und Ihren Lernenden viel Spaß im Unterricht!

Lektion 1: Personen beschreiben

2 Lektion 1: Beschreiben und Beurteilen

Lektion 1: Heirats- und Bekanntschaftsanzeigen

Italiener, 31, 160, 66, berufstätig, allein erziehend, mit zwei Kindern von 8 + 12 J., sucht attraktive, kinderliebe Frau mit Kind für eine gemeinsame Zukunft. Chiffre 12345	**Mädchen-Frau,** blond, schlk., Anfang 50, gut aussehend, mit Herz und Verstand, sucht einen großen, charmanten, sportlichen und niveauvollen Partner mit Schultern zum Anlehnen. Chiffre 67890
Welcher **Single, m,** bis 48 J., würde gerne mit einer langhaarigen, gutauss., sportl. Sie, die gerne reist, tanzt, ein wunderschönes gemeinsames Leben anfangen? Chiffre 23456	Hallo! Ich, **m., 28/172,** humorv., schlk. u. studiert, suche nach einer Frau, die nicht oberflächlich ist u. Interesse an gemeinsamen Gesprächen u. Unternehmungen hat. Chiffre 78901
Er, 36/183/78, dkl. Haare, br. Augen, sucht eine **nette. attr. Sie.** Ich mag Reisen, Ski, Radf., Motorrad, Tauchen u. mehr. Chiffre 34567	Sie, 36/164, schlank, vorzeigbar, sucht mangels Gelegenheit auf diesem Wege einen **netten und aufrichtigen Partner** mit Niveau. Chiffre 90122
Schütze-Frau, 39 J., treu, romantisch, zärtlich + attraktiv, mit Kind, sehnt sich nach einem ehrlichen, netten, liebevollen u. humorvollen (Widder?-) Mann zw. 35 + 42 Jahren. Chiffre 45678	Er, 50 J., vollschlank, arbeitslos, kinderlieb, möchte nicht mehr alleine sein u. sucht Dich bis 48 J., mit Herz. Das Aussehen ist nebensächlich. Chiffre 90123
Löwe-Mann, 35/183, gutauss., beruflich engagiert, sucht zwecks gem. Unternehmungen eine **schlanke Sie** von 25–40 J., die auch Musik u. Reiten mag. Chiffre 56789	**Mann gesucht!** Voraussetzungen: bis 40 J., ab 180 cm, NR, bartlos, ungeb., Tänzer, Skifahrer, guter Beruf. Ich bin w., 42/170, mit 8-jähr. Sohn, niveauvoll. Chiffre 01234

Coupon für Ihre kostenlose Anzeige

_____

_____

_____

_____

Anzeigentext bitte nicht länger als 20 Wörter in Druckschrift.
Wir behalten uns das Recht vor, Anzeigen zu ändern oder nicht zu veröffentlichen.

Ihre Anschrift: Vor-/Nachname ....
                Straße ....
                PLZ/Ort ....

4 Lektion 1: Spiel mit Farben

- = rot
- = blau
- = grün
- = gelb
- = braun
- = grau

Lektion 1: Früher oder später **5**

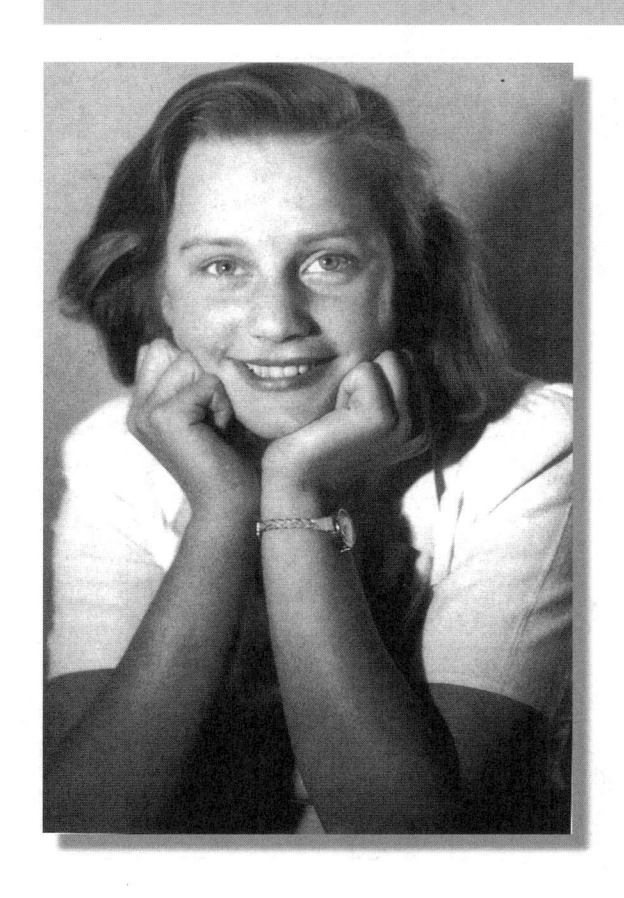

6 Lektion 1: Berufskleidung: Wie muss ein… aussehen?

10

Lektion 1: Kleiderordnung in Firmen

1 = sehr gut
2 = gut
3 = befriedigend
4 = ausreichend
5 = mangelhaft
6 = ungenügend

	Apple – Computer	Coca-Cola – Getränke	Deutsche Bank	Hoechst – Chemie	Kienbaum & Partner Unternehmensberatung	Lufthansa	Puma – Sportartikel	Reynolds Tobacco
Anzug	4	2	2	1	1	2	2	2
Kombination	1	2	2	2	1	2	2	3
gedeckte Farben	3	2	2	1	1	2	2	2
Krawatte	3	2	2	1	1	2	2	2
T-Shirt	5	4	5	5	4	5	4	3
Jeans	5	4	5	4	3	4	3	3
Turnschuhe	5	4	5	5	5	4	3	6
Shorts	5	5	5	6	5	6	6	6
Sandalen	5	3	5	4	4	5	5	6
Hawaiihemd	4	3	5	6	5	4	5	6
lange Haare	4	3	5	3	5	5	4	6
Ohrringe	5	4	5	6	6	5	4	5

Lektion 1: Bilder alter Meister

Lektion 2: Spiel: Ich will ... werden 9

Board game layout (reading around the perimeter and interior):

Top row: Pilot, *, reich, Stewardess, *, Rechtsanwalt, Reiseleiter, selbständig, Zahnarzt

Right column (top to bottom): *, Fotomodell, Ingenieur, unabhängig, Polizist, *, Politikerin, *, Schauspieler, Detektiv, *

Bottom row: *, Lehrer, Dolmetscher, **Anfang Ende**, Rentner, Architekt, Künstler

Left column (bottom to top): glücklich, Sportler, Direktorin, berühmt, *, Millionär, Ärztin, Beamtin, Nachtwächter

Interior fields (with asterisk markers):
- * Landstreicher
- * Fotograf
- * ...
- * ...
- * Maler
- * Ehefrau
- * Schriftsteller
- * Globetrotter
- * Hotelier
- * ...
- * Student
- * Astronautin
- * Vater
- * ...
- * Ehemann
- * ...
- * Tänzerin
- * Kapitän

10 Lektion 2: Träume

Herr Neumann
32, Lehrer

Frau Neumann
29, Hausfrau

mit 6 Jahren

mit 5 Jahren

mit 8 Jahren

mit 9 Jahren

mit 15 Jahren

mit 16 Jahren

mit 19 Jahren

mit 20 Jahren

Lektion 2: Momentaufnahmen 11

mein erster Schultag

mein letzter Schultag

und wie geht es weiter?

12 Lektion 2: Angebote vergleichen

	Alko-Dataline	Böske & Co.	Baumhaus KG
Ort			
Branche			
sucht (Kenntnisse, Alter, Erfahrung, Sprachen usw.)			
bietet (Gehalt, Sozialleistungen, Chancen usw.)			
Fragen			

Lebenslauf

Name: Maurer, geb. Pott
Vornamen: _____
geboren am: _____
in: _____

01.09.1971– _____ in Bergen-Enkheim
24.06.____

30.08.1975– Schiller _____ in Frankfurt/Main
30.06.____

04.09.1978– Brüder-Grimm-_____ in Frankfurt/Main
17.05.____ _____abschluss

01.10.1981– Dolmetscher_____ in Mainz
03.06.____ (Englisch/Spanisch)

15.09.1983– Sprachpraktikum in den USA
10.02.____

seit
01.04.1985 Sekretärin bei Fa. Euro-Mobil – Import/Export, Offenbach

14.03.1988 _____ mit dem Exportkaufmann Jochen Maurer

01.09.1990– _____ (Sekretärinnenkurs)
30.06.1991 Abschlussprüfung vor der
Industrie- und Handelskammer: _____

21.03.1991 Scheidung,
_____ Sekretärin bei Fa. Euro-Mobil

Lektion 2: Das erwartet die Wirtschaft

Schulabgänger – Das erwartet die Wirtschaft

Fachliche Kompetenz
- Grundlegende Beherrschung der deutschen Sprache in Wort und Schrift
- Beherrschung einfacher Rechentechniken
- Grundlegende naturwissenschaftliche Kenntnisse
- Grundlegende wirtschaftliche Kenntnisse
- Grundkenntnisse in Englisch

Persönliche Kompetenz
- Zuverlässigkeit
- Lern- und Leistungsbereitschaft
- Ausdauer, Durchhaltevermögen, Belastbarkeit
- Sorgfalt, Gewissenhaftigkeit
- Konzentrationsfähigkeit
- Verantwortungsbereitschaft, Selbständigkeit
- Fähigkeit zur Kritik und Selbstkritik
- Kreativität, Flexibilität

Soziale Kompetenz
- Kooperationsbereitschaft, Teamfähigkeit
- Höflichkeit, Freundlichkeit
- Konfliktfähigkeit
- Toleranz

Quellen: Westdeutscher Handwerkskammertag, IHKs in NRW

95 05 128 © imu

Lektion 2: Stellenangebote

Im städtischen Hallen- und Freibad ist zum nächstmöglichen Zeitpunkt die Stelle

einer

Schwimmmeistergehilfin/

eines

Schwimmmeistergehilfen

mit Abschlussprüfung – befristet als Krankheitsvertretung – zu besetzen.

Eine Übernahme in ein unbefristetes Arbeitsverhältnis wird bei entsprechender Eignung und Vorliegen der stellenplanmäßigen Voraussetzungen in Aussicht gestellt.

Erwartet werden die Bereitschaft zum eigenverantwortlichen Aufsichtsdienst, die Wartung und Pflege der Maschinenanlage sowie die Ausführung kleinerer Reparaturen, wobei Dienst im Schichtbetrieb zu leisten ist.

Die Eingruppierung richtet sich nach dem Bundesangestelltentarifvertrag (BAT).

Es werden die im öffentlichen Dienst üblichen Sozialleistungen gewährt.

Im Rahmen der Frauenförderung streben wir eine Erhöhung des Frauenanteils an und sind daher an Bewerbungen von Frauen besonders interessiert.

Schriftliche Bewerbungen mit den üblichen Unterlagen (Lebenslauf, Lichtbild, Zeugnisabschriften und Tätigkeitsnachweise) werden erbeten an:

**Stadtverwaltung
– Personalabteilung –
Postfach**

Zur Verstärkung unserer Transportteams suchen wir zum nächstmöglichen Termin

männlichen Mitarbeiter

mit Führerschein Klasse III

Sie sollten außer einem gepflegten Erscheinungsbild die Bereitschaft zu kunden- und teamorientiertem Arbeiten mitbringen und zeitlich flexibel sein.

Klaviertransport Pflockner GmbH

☎ (0 43) 43 41-320   (10–18 Uhr)

Haushälterin

mit Erfahrung und Referenzen für Unternehmer-Haushalt im Rhein-Main-Gebiet gesucht.

Wir setzen Selbständigkeit, Engagement und flexible Arbeitszeiten voraus. Erforderlich sind anspruchsvolle Kochkenntnisse, Geschick im Umgang mit Garderobe/Wäsche sowie alle Fähigkeiten zur Betreuung eines gepflegten Umfeldes (zusätzl. Putzhilfe vorhanden). Bezug der separaten 2-Zimmer-Wohnung Voraussetzung.

Bitte bewerben Sie sich unter Handy-Nr. 0 72 / 9 96 39 (da häufig unterwegs)

Teilzeitjob!
Wir suchen gute/n
Autofahrer/in
mit Führerschein Kl. III für Fahrzeugpflege und Fahrten ins In- und Ausland!
Tel. (089) 72 15 60

Gesucht
zuverlässige und selbständige
Haushaltshilfe
(5-Tage-Woche)
von kinderlosem Ehepaar mit großem Haus Nähe Wiesbaden, Deutschkenntnisse erwünscht. **Tel. 56 41**

LANDESHAUPTSTADT WIESBADEN

Die Kurbetriebe der Landeshauptstadt Wiesbaden suchen zum nächstmöglichen Zeitpunkt in Teilzeitbeschäftigung

zwei Mitarbeiter/innen

Für die Betreuung der Kurgäste in den Kurkliniken zielen unsere Vorstellungen auf die kontaktfreudige Dame mittleren Alters, die Organisationstalent besitzt und für die flexible Zeitgestaltung kein Problem ist.

**Umfassende Kenntnisse über
die Stadt Wiesbaden und Umgebung**

sind unverzichtbar.

Befristet für vier Monate für den Bereich „Hotline – Kartenvorverkauf" erwarten wir eine/n kontaktfreudige/n Mitarbeiter/in mit Datenverarbeitungskenntnissen sowie Berufserfahrung im Telefonverkauf.

Wir bieten eine Vergütung nach BAT VI b / VII sowie die im öffentlichen Dienst üblichen Sozialleistungen.

Bewerbungen richten Sie bitte an die Kurbetriebe der Landeshauptstadt Wiesbaden.

---

*Das OMNI-Institut für Markt-, Meinungs- und Sozialforschung
– gegründet 1945 – sucht*

Interviewer/innen

die auf freiberuflicher Basis – bei freier Zeiteinteilung (jedoch mind. 10 h/Woche) – Befragungen durchführen.
Langfristiges Interesse, Kontaktfreude, Zuverlässigkeit und sicheres Auftreten sind Voraussetzung für diese interessante Nebentätigkeit.
Nach Einarbeitung besteht die Möglichkeit, auch Interviews mit einem Laptop durchzuführen. Wenn Sie älter als 24 Jahre sind und sich zutrauen, Interviews in der Bevölkerung durchzuführen, schicken Sie bitte Ihre Kurzbewerbung an:

OMNI-Institut GmbH & Co.

FRÜHAUFSTEHER GESUCHT!

Sie sind früh morgens schon gut gelaunt?
Sie stecken Ihre Mitmenschen mit Ihrer guten Laune an?
Sie können idealerweise etwas Englisch?
Dann sind Sie die Person, die wir suchen!
Als **FRÜHSTÜCKSBEDIENUNG**, auch ungelernt, bringen Sie unsere Gäste im HOTEL WIESBADEN von 6.00 bis 10.00 Uhr auf Trab.
Bei Interesse melden Sie sich bitte bei Frau Schott.
Telefon: (063) 73 08 45
(Montag – Freitag von 9.00 – 17.00 Uhr)

Lektion 2: Stellengesuche

Diplom-Volkswirt

Biete:
- W., 44 J., verh. o. Kinder, ungekündigt
- 7 Jahre Marketing-Erfahrung mit Budget- und Planungsverantwortung in der Markenartikelindustrie
- Englisch fließend, Französisch ausbaufähig
- PC-Kenntnisse
- Durchsetzungsvermögen, Begeisterungsfähigkeit, Kreativität, Fähigkeit zur Teamarbeit, strukturierte, zielorientierte Arbeitsweise

Suche:
- Neue Herausforderung in einem interessanten Aufgabengebiet, nicht nur im Marketingbereich, zum 1.7. oder 1.10.1999.

Angebote erbeten an diese Zeitung unter 11Z853

Finanzfachmann

Betriebswirt grad., 50 J., verh., z.Zt. stv. Ltr. Kreditabt.
Langj. Erfahrung im internationalen Kreditgeschäft bei renommierten internationalen Großbanken. Gute Englischkenntnisse.
Sucht neue Aufgabe im Finanz- oder Immobilienbereich im Rhein-Main-Gebiet.

✉ **an diese Zeitung unter 13/56123784**

Bin weiblich,

Vertriebsfrau

durch und durch arbeitswütig.
Leider sehr selbstbewusst und kann mitdenken, bin nicht bereit, meine Persönlichkeit und mein Hirn an der Pforte abzugeben – und schon gar nicht, weil ich eine Frau bin.
Welcher Arbeitgeber/in hat den Mut und das Rückgrat, damit umzugehen?
Bin Optimist und gebe einfach die Hoffnung nicht auf.

✉ **13/54343778**

Sie suchen mich!

Powerfrau, 40 J., Hochschulabschluss BWL + Beraterin für EDV und Telekommunikation, sucht ab sofort vielseitige und verantwortungsvolle Tätigkeit. Führungspraxis im Verwaltungsbereich von Firmen (z.B. Verwaltungsleiterin), gute EDV-Kenntnisse sowie Ausbildereignung vorhanden. Garantiert werden absolute Zuverlässigkeit, außergewöhnliche Einsatzbereitschaft und Belastbarkeit.

✉ **an diese Zeitung unter 13/62345718**

Dienstleistungsprofi!

Industriekauffrau (32), motiviert, vielseitig, unkonventionell, mehrjährige Berufserfahrung bei Airline sowie Import/Export/Verkauf; Fremdsprachen: Englisch, Franz., Spanisch; EDV: Word und Excel auf PC und Mac, sucht interessante, verantwortungsvolle Position.

Zuschriften an diese Zeitung unter 13/72325698

ICH BIETE:

Zuverlässigkeit, Verantwortungsbewusstsein, Organisationstalent, Verhandlungsgeschick, rasches Auffassungsvermögen; Erfahrung als Geschäftsführer, langj. Berufserfahrung i. Bereich Verkauf u. Handwerk.

ICH SUCHE:

Neuen Wirkungskreis im **Angestelltenverhältnis**, mit interess. Entwicklungsperspektive. Bin selbstverständl. aufgeschl. für neue Herausforderungen.
089/45384485

Handwerkergeselle mit Weiterbildung zum

Hausinspektor (Hausverwalter, Hausmeister)

sucht angemessene Vollzeitbeschäftigung im Raum MZ, WO, AZ, Grundk. EDV, Elektrik, Heizung u. Sanitär. FS KL 3 vorhanden.

✉ **an diese Zeitung unter Z18/4115445**

Stresserprobte Sekretärin
(in ungek. Stellung)

die vertraut ist mit den mod. Bürokommunikationen, die in einem Vorzimmer anfallen, sucht neue Herausforderung. Steno- u. Englischkenntnisse sowie sicheres Auftreten und gute Umgangsformen gehören selbstverständlich ebenfalls zu meinem Repertoire.

✉ **an diese Zeitung unter Z 11/30743994**

Wie beschreiben Sie Ihre Qualifikation?

Anfang

Sport

Politik

Wetterbericht

Nachrichten

Krimis

?

Fernsehfilme

Shows

Tennis

Kinofilme

Tierfilme

Talkshows

Berichte

?

Kindersendungen

Spielfilme

nichts

Skirennen

Opern

Theater

Schulfernsehen

?

Quizsendungen

Werbung

Westernfilme

Musicals

Livesendungen

Wiederholungen

Frühstücksfernsehen

Musiksendungen

?

Reportagen

Ende

Ich interessiere mich für …

Ich ärgere mich über …

Ich würde gerne mehr … sehen.

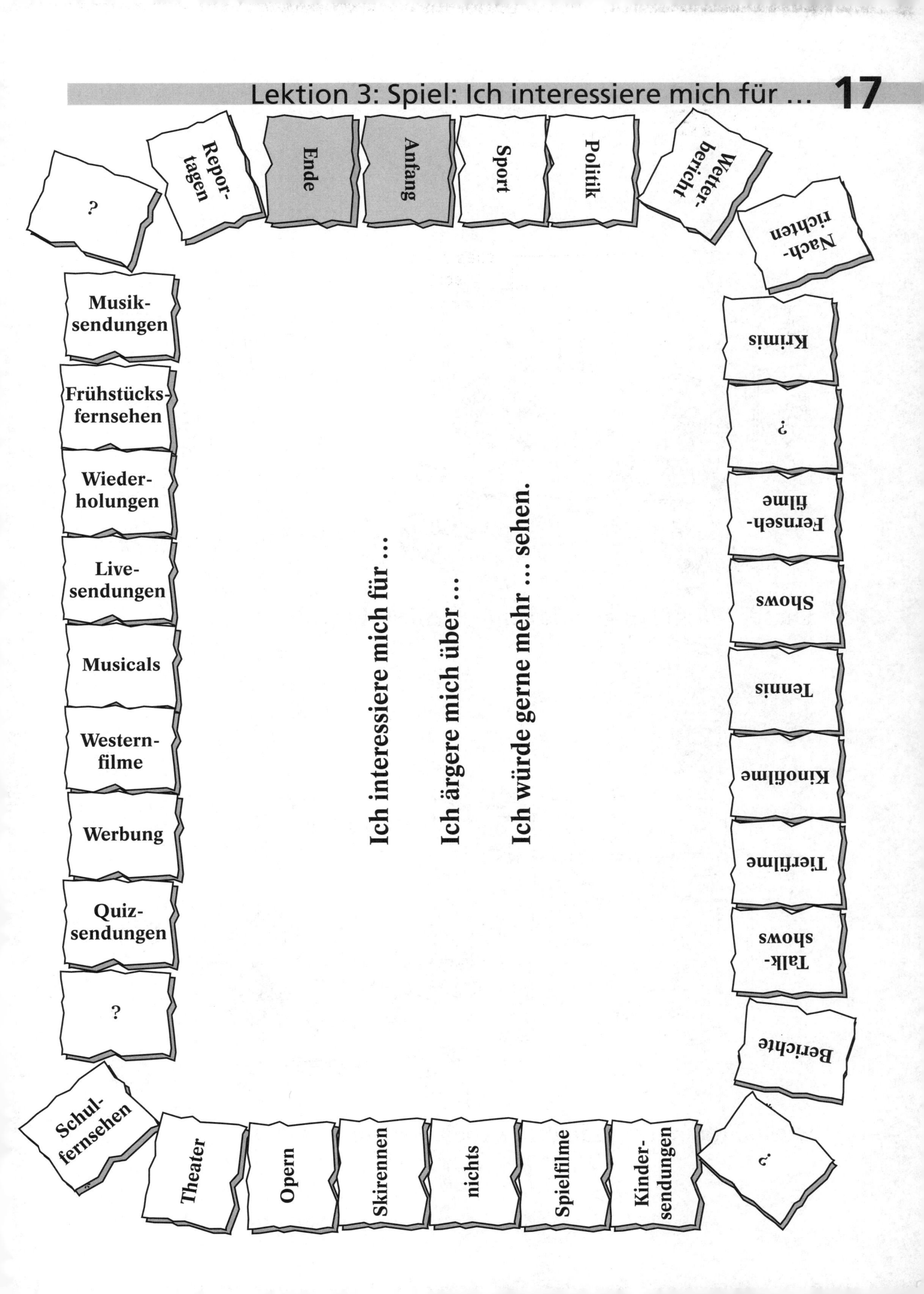

18 Lektion 3: Was würden Sie tun?

Dieser Mann hat gerade seine Schlüssel verloren.

Diese Frau hat gerade ihre Arbeit verloren.

Lektion 3: Ich hol' die Leute aus dem Alltagstrott 19a

Es gibt immer mehr Straßenkünstler:
Musikanten, Maler und Schauspieler.
Sie ziehen von Stadt zu Stadt,
spielen Theater und
malen auf den Asphalt.
Die meisten sind Männer, aber es gibt auch einige Frauen.
Eine von ihnen ist die 20jährige Straßenpantomimin Gabriela Riedel.

Das Wetter ist feucht und kalt.
Auf dem Rathausmarkt in Hamburg
interessieren sich nur wenige Leute für Gabriela.
Sie wartet nicht auf Zuschauer,
sondern packt sofort ihre Sachen aus und
beginnt ihre Vorstellung:

Sie zieht mit den Fingern einen imaginären Brief aus einem Umschlag.
Den Umschlag tut sie in einen Papierkorb.
Der ist wirklich da.
Sie liest den Brief,
vielleicht eine Minute,
dann fällt er auf den Boden
und Gabriele fängt an zu weinen.

Den Leuten gefällt das Pantomimenspiel.
Nur ein älterer Herr mit Bart regt sich auf:
„Das ist doch Unsinn!
So etwas müsste man verbieten!"
Früher hat Gabriela sich über solche Leute geärgert,
heute kann sie darüber lachen.
Sie meint:
„Die meisten freuen sich über mein Spiel und sind zufrieden."

Nach der Vorstellung sammelt sie mit ihrem Hut Geld:
8 Mark und 36 Pfennige hat sie verdient, nicht schlecht.
„Wenn ich regelmäßig spiele
und das Wetter gut ist,
geht es mir ganz gut."
Ihre Kollegen machen Asphaltkunst gewöhnlich nur in ihrer Freizeit.
Für Gabriela ist Straßenpantomimin ein richtiger Beruf.

Lektion 3: Ich hol' die Leute aus dem Alltagstrott

Gabrielas Asphaltkarriere hat mit Helmut angefangen.
Sie war 19, er 25 und Straßenmusikant.
Ihr hat besonders das freie Leben von Helmut gefallen,
und sie ist mit ihm von Stadt zu Stadt gezogen.
Zuerst hat Gabriela für Helmut nur Geld gesammelt.
Dann hat sie auch auf der Straße getanzt.
Nach einem Krach mit Helmut
hat sie dann in einem Schnellkurs Pantomimin gelernt und
ist vor sechs Monaten Straßenkünstlerin geworden.

Die günstigsten Plätze sind
Fußgängerzonen, Ladenpassagen und Einkaufszentren.
„Hier denken die Leute nur an den Einkauf,
aber bestimmt nicht an mich.
Ich hol' sie ein bisschen aus dem Alltagstrott", erzählt sie.
Das kann Gabriela wirklich:
Viele bleiben stehen,
ruhen sich aus,
vergessen den Alltag.

Leider ist Straßentheater auf einigen Plätzen schon verboten,
denn die Geschäftsleute beschweren sich über die Straßenkünstler.
Oft verbieten die Städte dann die Straßenkunst.

„Auch wenn die meisten Leute uns mögen,
denken viele doch an Vagabunden und Nichtstuer.
Sie interessieren sich für mein Spiel und
wollen manchmal auch mit mir darüber sprechen,
aber selten möchte mich jemand kennen lernen oder
mehr über mich wissen."

Gabrielas Leben ist sehr unruhig.
Das weiß sie auch:
„Manchmal habe ich richtig Angst,
den Boden unter den Füßen zu verlieren",
erzählt sie uns.
Trotzdem findet sie diesen Beruf fantastisch;
sie möchte keinen anderen.

Lektion 3: Straßenkünstler **20**

SCHUHE

APOTHEKE

21 Lektion 3: Personen für ein Rollenspiel beschreiben

Name/Vorname: _____

Geschlecht: _____

Alter: _____

Beruf: _____

aktuelle Beschäftigung: _____

aktuelle Stimmung:

gut gelaunt	☐	☐	☐	☐	☐	schlecht gelaunt
ruhig	☐	☐	☐	☐	☐	nervös
nett	☐	☐	☐	☐	☐	wütend
fröhlich	☐	☐	☐	☐	☐	traurig
glücklich	☐	☐	☐	☐	☐	unglücklich
zufrieden	☐	☐	☐	☐	☐	gereizt
hellwach	☐	☐	☐	☐	☐	müde

…

Charakter

freundlich	☐	☐	☐	☐	☐	unfreundlich
höflich	☐	☐	☐	☐	☐	unhöflich
ausgleichend	☐	☐	☐	☐	☐	aufbrausend
leise	☐	☐	☐	☐	☐	laut
lustig	☐	☐	☐	☐	☐	ernst
sanft	☐	☐	☐	☐	☐	streitsüchtig

…

**Sonstige Informationen:
Erwartungen an die Situation, Ziele, Wünsche**

_____
_____
_____
_____
_____
_____

Lektion 3: Rollenspiel: Ein Streitgespräch? 22

Situation
Ort: *eine enge Einkaufsstraße in der Fußgängerzone*
Zeit: *Freitag, kurz vor 12 Uhr, ein heißer Sommertag*
Szene: *viele Menschen, einige Autos und LKW, viel Lärm, Musik, verschiedene Geräusche*

Sie sind Gabriela Riedel.

Sie haben gerade mit Ihrer Pantomime angefangen.
Sie stehen direkt vor dem Eingang zu einem Schuhgeschäft. Ein Stück weiter spielt ein Geigenspieler und auf der anderen Seite stehen Autos. Nur hier haben Sie genug Platz für Ihre Vorführung. Während Ihrer Vorführung kann keiner diesen Eingang benutzen. Aber wozu auch? Die Schuhe im Fenster gefallen Ihnen gar nicht. Wer soll die kaufen?
Sie haben heute wieder ein sehr großes und nettes Publikum. Sie müssen nur aufpassen: viele Menschen gehen weg, bevor Sie Geld einsammeln können. Sie sind gut gelaunt und würden gern alle umarmen.

Sie sind der Schuhladen-Besitzer.

Direkt vor Ihrer Eingangstür hat sich eine Frau ausgebreitet und zieht da eine Show ab, spielt einen Clown, zum Glück sagt sie nichts dabei. Die ganze Straße ist mal wieder blockiert, weil alle stehen bleiben und der Frau zusehen. Niemand kann in Ihren Laden kommen. Sie erwarten jeden Moment einen Lieferanten. Sie brauchen die Lieferung unbedingt. Letzte Woche ist der Lieferant einfach nicht gekommen, weil die Straße blockiert war.
Gestern hat den ganzen Nachmittag so ein Typ mit einer Geige direkt vor der Tür gestanden. Dabei haben Sie in der letzten Zeit sowieso immer Kopfschmerzen. Das ist ja auch kein Wunder. Das Geschäft geht schlecht und nun kommen die Kunden nicht einmal bis in den Laden.
Diese Nichtstuerin soll endlich verschwinden.

Sie sind ein Lieferant.

Sie müssen eine Lieferung in das Schuhgeschäft bringen. Ihr Fahrzeug steht 200 Meter entfernt. Sie konnten nicht weiterfahren. Letztes Mal hatten Sie hier auch Probleme, der Chef hat ganz schön Ärger gemacht.
Sie können die vielen Kartons unmöglich so weit tragen. Sie können nicht einmal in den Laden hinein. Eine Menge Menschen steht da und bewundert eine Pantomimin.
Ihr Chef hat Sie gerade über Handy angerufen. Sie müssen noch drei Touren machen. Das dauert sicher ziemlich lang. Dabei haben Sie sich schon gefreut, denn Sie wollen mit Ihrer neuen Freundin heute an den See fahren.

Lektion 4: Spiel: Autoquartett

Fiat Uno	Renault Clio	Opel Corsa	Ford Fiesta
Preis: **15 890 DM** PS: Verbrauch: Gewicht: Kosten/km:	Preis: **16 259 DM** PS: Verbrauch: Gewicht: Kosten/km:	Preis: **15 580 DM** PS: Verbrauch: Gewicht: Kosten/km:	Preis: **16 390 DM** PS: Verbrauch: Gewicht: Kosten/km:
Fiat Uno	Renault Clio	Opel Corsa	Ford Fiesta
Preis: PS: **45** Verbrauch: Gewicht: Kosten/km:	Preis: PS: **55** Verbrauch: Gewicht: Kosten/km:	Preis: PS: **45** Verbrauch: Gewicht: Kosten/km:	Preis: PS: **50** Verbrauch: Gewicht: Kosten/km:
Fiat Uno	Renault Clio	Opel Corsa	Ford Fiesta
Preis: PS: Verbrauch: **6,5 S** Gewicht: Kosten/km:	Preis: PS: Verbrauch: **6,7 N** Gewicht: Kosten/km:	Preis: PS: Verbrauch: **7,4 S** Gewicht: Kosten/km:	Preis: PS: Verbrauch: **6,6 S** Gewicht: Kosten/km:
Fiat Uno	Renault Clio	Opel Corsa	Ford Fiesta
Preis: PS: Verbrauch: Gewicht: **740 kg** Kosten/km:	Preis: PS: Verbrauch: Gewicht: **825 kg** Kosten/km:	Preis: PS: Verbrauch: Gewicht: **775 kg** Kosten/km:	Preis: PS: Verbrauch: Gewicht: **800 kg** Kosten/km:
Fiat Uno	Renault Clio	Opel Corsa	Ford Fiesta
Preis: PS: Verbrauch: Gewicht: Kosten/km: **0,47 DM**	Preis: PS: Verbrauch: Gewicht: Kosten/km: **0,51 DM**	Preis: PS: Verbrauch: Gewicht: Kosten/km: **0,45 DM**	Preis: PS: Verbrauch: Gewicht: Kosten/km: **0,46 DM**

Lektion 4 : Radwechsel **24**

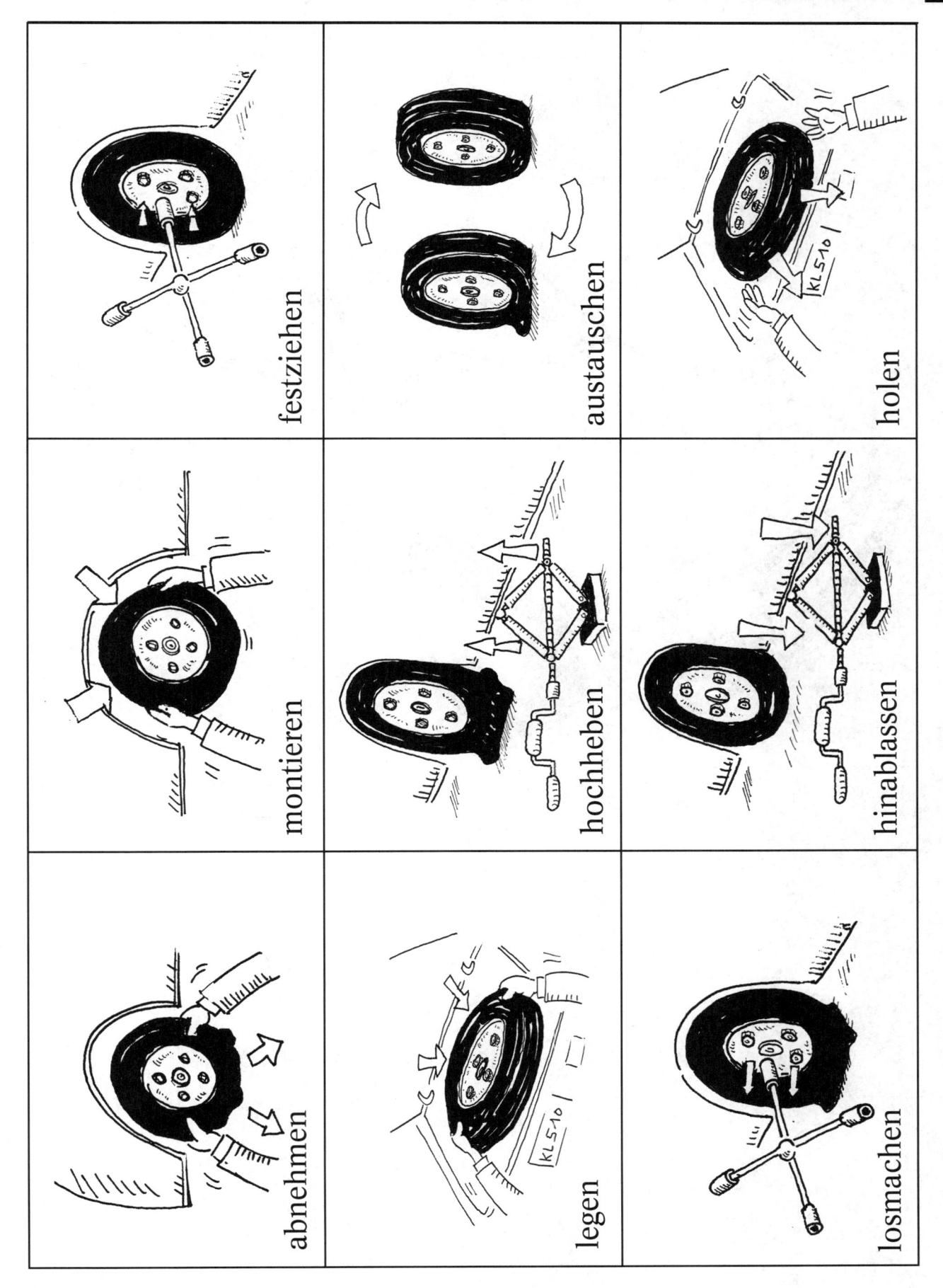

festziehen	austauschen	holen
montieren	hochheben	hinablassen
abnehmen	legen	losmachen

25a Lektion 4: Autoteile – außen

Lektion 4: Autoteile – innen **25b**

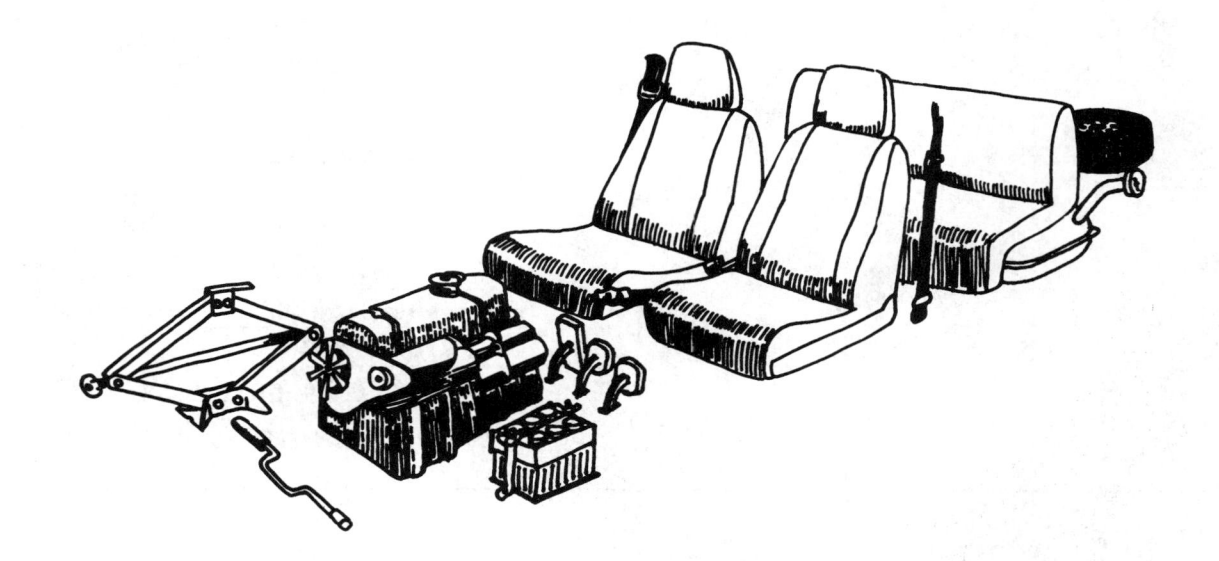

26 Lektion 4: Arbeit = Zeit = Geld

Wenn man Hausfrauen bezahlen müsste ...

Wert der monatlichen Hausarbeit für eine Familie mit zwei Kindern; Angaben in DM (bewertet im Vergleich mit angelernter Arbeit in der Industrie)

Kinderbetreuung	**904 DM**
Kochen, Backen	**583 DM**
Aufräumen, Putzen	**531 DM**
Wäschepflege	**406 DM**
Einkaufen	**262 DM**
Abwaschen	**249 DM**
Blumenpflege u.ä.	**118 DM**
Krankenpflege	**52 DM**
andere Arbeiten	**98 DM**
Gesamt	**3 203 DM**

Mehr für weniger

So lange hat man 1960 und 1995 für ... gearbeitet.

	0,5 l Bier	Briefporto	1 l Milch	1 l Benzin (normal)
1960	15 min	5 min	11 min	11 min
1995	3 min	3 min	4 min	4 min

	250 g Butter	1 kg Mischbrot	1 kg Rindfleisch	1 Zeitungsabo
1960	39 min	20 min	2h 4 min	1 h 41 min
1995	6 min	11 min	31 min	1 h 19 min

Lektion 4: Die Fernbedienung

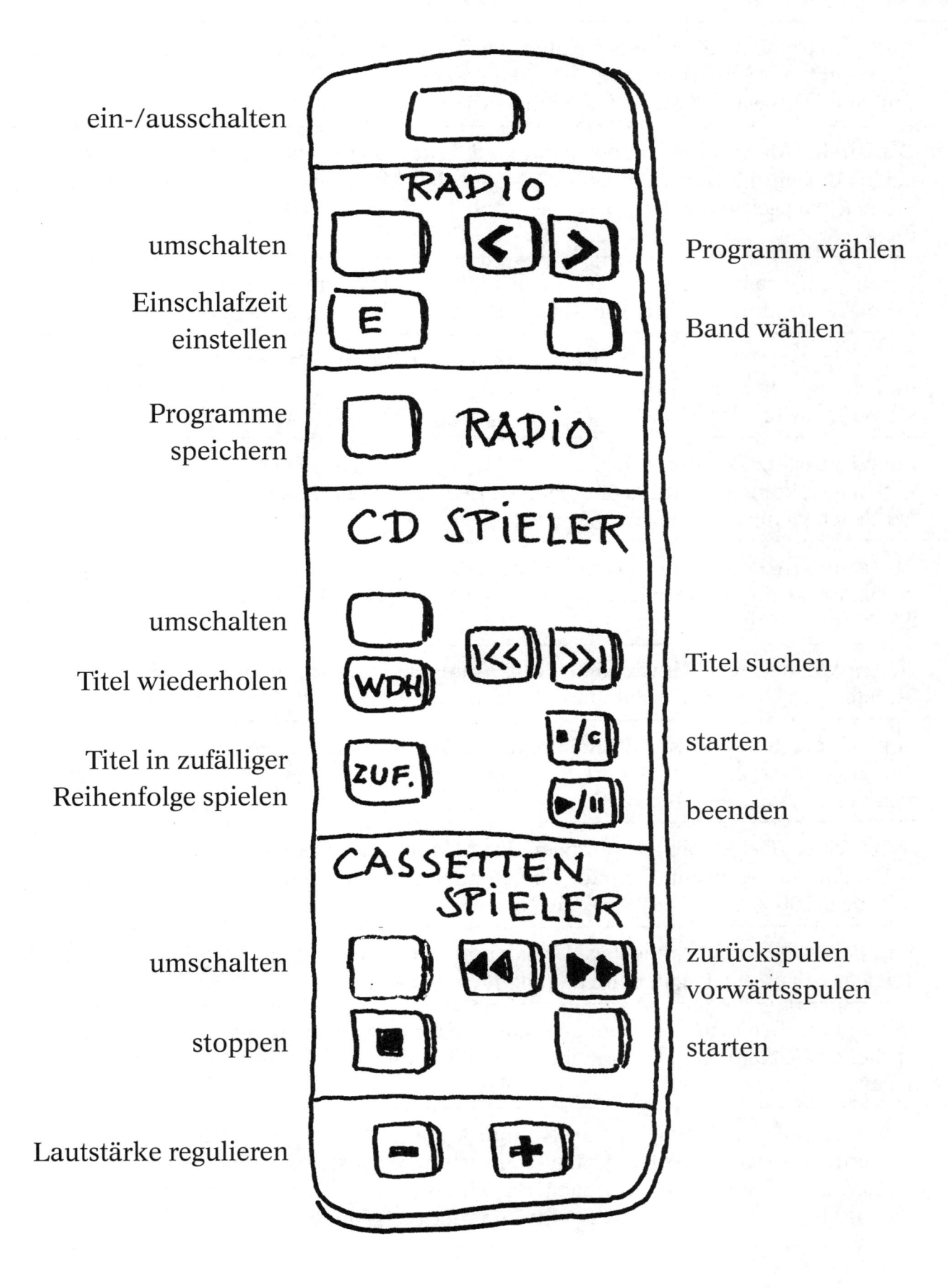

RADIO

ein-/ausschalten

umschalten — Programm wählen

Einschlafzeit einstellen — Band wählen

Programme speichern — RADIO

CD SPIELER

umschalten

Titel wiederholen — Titel suchen

starten

Titel in zufälliger Reihenfolge spielen — beenden

CASSETTENSPIELER

umschalten — zurückspulen / vorwärtsspulen

stoppen — starten

Lautstärke regulieren

28 Lektion 4: Textpuzzle: Schichtarbeit

Aber sie bezahlen dafür ihren privaten Preis: weniger Zeit für Freunde und die Familie, Nervosität und Schlafstörungen. Arbeitspsychologen und Mediziner kennen diese Probleme und warnen deshalb vor langjähriger Schichtarbeit.

Die Familie März hat zusammen 6100 Mark brutto pro Monat. Außerdem bekommen beide noch ein 13. Monatsgehalt und Jürgen auch Urlaubsgeld. Dafür können sie sich ein eigenes Haus leisten, ein Auto, schöne Möbel und auch eine kleine Urlaubsreise im Jahr.

Einen gemeinsamen Feierabend kennen die Eheleute nicht. Wenn seine Frau arbeitet, hat er frei. Dann sorgt er für die Kinder und macht das Abendessen.

Franziska März, 33, aus Hannover, ist verheiratet und hat eine zwölf Jahre alte Tochter und einen kleinen Sohn von vier Jahren. Sie arbeitet als Verkäuferin in einem Bahnhofskiosk, jeden Tag von 17 bis 22 Uhr. Seit sechs Jahren macht sie diesen Job.

Franziska März verdient weniger, 14,20 Mark pro Stunde. „Obwohl ich keinen Schichtzuschlag bekomme wie Jürgen, bin ich zufrieden. Als Verkäuferin in einem Kaufhaus würde ich weniger verdienen."

Ihr Mann Jürgen, 37, ist Facharbeiter und arbeitet seit elf Jahren bei einer Autoreifenfabrik. Er arbeitet Frühschicht von 6 Uhr morgens bis 14.30 Uhr oder Nachtschicht von 23 Uhr bis 6 Uhr.

„In der Woche sehen wir uns immer nur vormittags oder nachmittags für ein paar Stunden. Da bleibt wenig Zeit für Gespräche und für Freunde", sagt Franziska März.

Jürgen März muss alle vier Wochen sogar am Wochenende arbeiten. „Er schläft nicht sehr gut und ist oft ziemlich nervös. Unsere Arbeit ist nicht gut für das Familienleben, das wissen wir", sagt seine Frau.

„Mit meinem Gehalt bin ich zufrieden. Ich bekomme 21,80 Mark pro Stunde, plus 60 % extra für die Nachtarbeit, für Überstunden bekomme ich 25 % und für Sonntagsarbeit sogar 100 % extra.

„Pro Jahr habe ich 30 Arbeitstage Urlaub und zwischen den Schichten immer drei Tage frei. Das ist besonders gut, denn dann kann ich am Haus und im Garten arbeiten."

Trotzdem wollen beide noch ein paar Jahre so weitermachen, denn als Schichtarbeiter verdienen sie mehr. Und sie brauchen das Geld, weil sie sich ein Reihenhaus gekauft haben.

Viele Deutsche machen Schichtarbeit. Ihre Arbeitszeit wechselt ständig. Sie tun es, weil ihr Beruf es verlangt (wie bei Ärzten, Schwestern, Polizisten und Feuerwehrleuten) oder weil sie mehr Geld verdienen wollen. Schichtarbeiter und ihre Familien leben anders. Wie, das lesen Sie in unserem Bericht. Zum Beispiel: Familie März.

Lektion 4: Arbeitsteilung 29

Die Wohnung wird von ihr sauber gemacht.
Das Auto wird von ihm gewaschen.

Wird überall so aufgeteilt?

30a Lektion 5: Verben: Grundform

anfangen	antworten	arbeiten
bekommen	bringen	denken
erzählen	essen	fahren
finden	fliegen	geben
gehen	halten	heißen
kennen	kommen	lachen
laufen	lernen	lesen
liegen	machen	nehmen
rechnen	rufen	sagen
schlafen	schneiden	schreiben
sehen	sitzen	sprechen
stehen	suchen	tragen
treffen	tun	vergessen
verlieren	wissen	zeigen

Lektion 5: Verben: Präteritum 30b

fing an	antwortete	arbeitete
bekam	brachte	dachte
erzählte	aß	fuhr
fand	flog	gab
ging	hielt	hieß
kannte	kam	lachte
lief	lernte	las
lag	machte	nahm
rechnete	rief	sagte
schlief	schnitt	schrieb
sah	saß	sprach
stand	suchte	trug
traf	tat	vergaß
verlor	wusste	zeigte

30c Lektion 5: Verben: Partizip II

angefangen	geantwortet	gearbeitet
bekommen	gebracht	gedacht
erzählt	gegessen	gefahren
gefunden	geflogen	gegeben
gegangen	gehalten	geheißen
gekannt	gekommen	gelacht
gelaufen	gelernt	gelesen
gelegen	gemacht	genommen
gerechnet	gerufen	gesagt
geschlafen	geschnitten	geschrieben
gesehen	gesessen	gesprochen
gestanden	gesucht	getragen
getroffen	getan	vergessen
verloren	gewusst	gezeigt

Lektion 5: Satzanfänge 31

Ich erwarte, dass sofort …

Ich vergesse immer morgens …

Ich weiß, dass mein Nachbar …

Einmal im Jahr versuche ich …

Ich höre überall, dass morgen …

Mein Vater sagte immer, dass …

Ich habe selten Zeit …

Ich habe gehört, dass unsere Lehrerin …

Meine Mutter versuchte immer …

Ich glaube, dass eine Frau …

Ich fange immer wieder an …

Mein Vater sagte immer, dass es …

Ich finde, dass man nie …

Ich habe immer Zeit …

Ich versuche manchmal …

Mir gefällt, dass heute …

Ich habe oft Lust …

Ich behaupte, dass alle Menschen …

Lektion 5: Lebensziele und Grundsätze junger Deutscher

Umfrage unter Jugendlichen von 15 bis 20 Jahren

Lebensziele

einen guten Beruf / eine interessante Arbeit haben	89 %
finanziell abgesichert sein	89 %
Partnerschaft, die ausfüllt, haben	84 %
im Leben etwas leisten	79 %
Familie und Kinder haben	77 %
mehr Zeit für sich selbst haben	69 %
sich für andere Menschen einsetzen	60 %
sich für Ideen / Überzeugungen einsetzen	59 %
festen Halt im Glauben haben	32 %
sich politisch engagieren	30 %

Grundsätze

ehrlich zu sich selbst sein	94 %
höflich und zuvorkommend sein	84 %
verzichten können	83 %
die Zeit nutzen	80 %
anderen vergeben	78 %
anderen nicht weh tun	77 %
Ideale verwirklichen	64 %
sich durchsetzen	61 %
eigene Bedürfnisse leben	60 %
wichtigeres als Wohlstand als Ziel haben	56 %
nicht Gleiches mit Gleichem vergelten	49 %

(nach: DIE ZEIT 8/97)

Lektion 5: Spiel: Früher …! Heute …! 33a

anfangen / beenden

Board spaces (clockwise from start):
heute – früher – heute – früher – heute – früher – heute – früher – heute – früher – heute – früher – heute – früher – heute – früher – heute – früher – heute – früher – heute – früher – heute – früher – heute – früher – heute – früher – heute – früher – heute – früher

33b Lektion 5: Spiel Früher … ! Heute … !

mit der Sonne aufstehen	in kleinen Häusern wohnen
mit dem Wecker aufstehen	in Hochhäusern wohnen
mit Holz heizen	auf dem Markt einkaufen
mit Öl heizen	im Supermarkt einkaufen
auf einem Feuer kochen	mit Münzen bezahlen
auf dem Elektroherd kochen	mit Kreditkarten bezahlen
mit den Händen arbeiten	sich mit der Familie unterhalten
mit Maschinen arbeiten	fernsehen
mit einer Feder schreiben	Freunde besuchen
mit dem Kugelschreiber schreiben	Freunde anrufen
mit dem Zug reisen	zu Fuß gehen
mit dem Flugzeug reisen	mit dem Auto fahren
sich im Brunnen waschen	einmal pro Woche baden
sich duschen	sich täglich duschen
mit dem Kopf rechnen	Kuchen backen
mit dem Taschenrechner rechnen	Kuchen kaufen
Geschirr mit der Hand spülen	mit der Hand Wäsche waschen
Geschirr im Geschirrspüler spülen	Wäsche in der Maschine waschen

Lektion 5: Wer kann das gesagt haben? 34

„Ich fühlte mich bei meinen Eltern immer sicher, auch im Krieg."

„Was unsere Eltern sagten, mussten wir tun."

„Ich wollte schon ganz früh anders leben als meine Eltern."

„Mein Vater starb, als ich zwei Jahre alt war."

„Den Vater meines Kindes wollte ich auf keinen Fall heiraten."

„Es war damals normal, mit 17 zu heiraten."

„Wenn Besuch kam, mussten wir immer ganz ruhig in unserem Zimmer bleiben."

„Ich versuche jetzt, selbständiger zu werden und mehr an mich zu denken."

„Alle fanden es viel zu früh, dass ich mit 17 ein Kind bekam."

„Ich fand es nicht wichtig, einen Beruf zu lernen, ich wollte ja sowieso heiraten."

„Das Wort der Eltern war für mich Gesetz."

„Ich konnte mich mit meinen Eltern nie richtig unterhalten. Irgendwie waren sie mir immer fremd."

„Für mich war es nicht normal, immer das zu tun, was meine Eltern sagten."

„Ich hatte eigentlich keine besonderen Wünsche."

„Ich wollte meine Kinder freier erziehen, als ich selbst erzogen wurde."

35 Lektion 5: Hieronymus Bosch: Der Landfahrer

Lektion 6: Den Wetterbericht lesen 36

DAS WETTER am 14. September 1998

Pegel: 582 (+59) 218 (+29) 278 (+29) 175 (15) 169 (-14) 170 (+30) 165 (+1)
Karlsruhe Worms Mainz Bingen Kaub Koblenz Frankfurt

☀ 07:01 / 19:44   ☾ 00:29 / 15:17

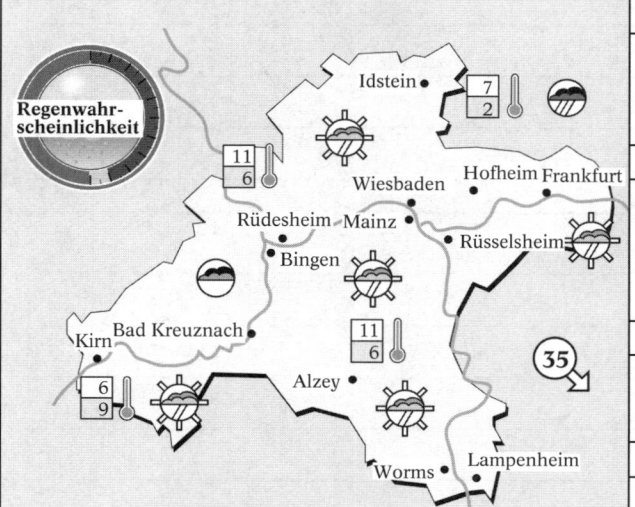

Vorhersage für Deutschland

Bei uns ist das Wetter heute herbstlich. Hartnäckig halten sich die Wolken und nur stellenweise scheint die Sonne. Häufig regnet es, in den Mittelgebirgen gibt es zum Teil auch Schnee. Dort steigen die Temperaturen zum Teil kaum noch über 0 Grad.

Regionalwetter

Heute ist es trüb, und häufig regnet es auch. Erst zum Abend hin wird es etwas freundlicher. Die Temperaturen steigen tagsüber an Rhein, Selz und Nahe auf 9 bis 11 Grad, in den höheren Lagen werden nur 7 bis 9 Grad erreicht. Dazu weht ein frischer, in Böen auch starker Wind aus Nordwest.

Biowetter

Bei der feuchten und kühlen Wetterlage ist die Gefahr von Erkältungen groß. Durch die hohe Belastung der Atemwege kommt es bei Asthmatikern jetzt vermehrt zu Beschwerden.

Ozonwerte von gestern 15.00 Uhr

| Frankfurt | 50 | Bad Kreuzn. | 56 | Wiesbaden | 65 |
| Königstein | 63 | Mainz | 62 | Worms | 67 |

Weitere Aussichten

Auch in den nächsten Tagen ist keine wesentliche Wetteränderung in Sicht. Die Wolken überwiegen, nur zeitweise scheint die Sonne, und auch Regenschauer gibt es ab und zu. Bis Mittwoch bleibt es mit höchstens 17 Grad kühl, danach steigen die Temperaturen wieder auf Werte über 20 Grad an. Auch die Nächte werden wieder etwas milder.

Dienstag	Mittwoch	Donnerstag	Freitag
16/8	17/9	21/11	22/13

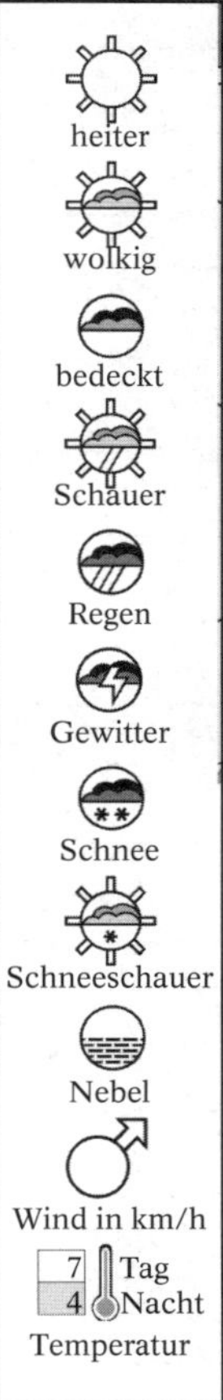

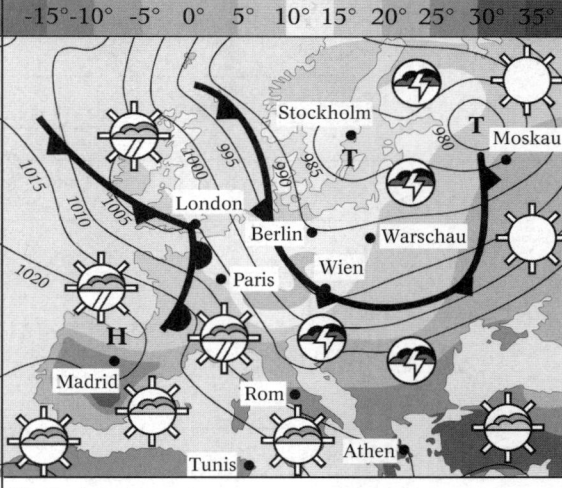

Wetterlage Europa

Tiefs über dem Atlantik und der Ostsee bestimmen das Wetter in Mittel- und Nordeuropa mit wolkenreicher Luft und zum Teil auch mit kräftigen Winden. Schönes Wetter gibt es derzeit nur weit im Osten und auf der Iberischen Halbinsel.

Deutschland Wetter heute

Berlin	Schauer	13°	Hamburg	Schauer	14°
Bremen	Schauer	13°	Hannover	Schauer	12°
Chemnitz	Schauer	11°	Köln	Schauer	12°
Dresden	wolkig	12°	Leipzig	Schauer	12°
Frankfurt	Schauer	11°	München	Schauer	8°
Freiburg	Schauer	11°	Stuttgart	Schauer	8°

Europawetter heute

Athen	Gewitter	28°	Mallorca	wolkig	24°
Barcelona	wolkig	22°	Moskau	heiter	22°
Istanbul	wolkig	28°	Paris	Schauer	15°
Las Palmas	wolkig	26°	Prag	Schauer	13°
Lissabon	heiter	21°	Rom	wolkig	26°
London	Schauer	15°	Stockholm	Schauer	16°

Legende: heiter, wolkig, bedeckt, Schauer, Regen, Gewitter, Schnee, Schneeschauer, Nebel, Wind in km/h, Temperatur (Tag/Nacht)

45

37 Lektion 6: Wunschwetter

Sonne: _____
Wolken: _____
Temperatur: _____
Regen/Schnee: _____
Wind: _____
Etwas Besonderes: _____

Sonne: _____
Wolken: _____
Temperatur: _____
Regen/Schnee: _____
Wind: _____
Etwas Besonderes: _____

Sonne: _____
Wolken: _____
Temperatur: _____
Regen/Schnee: _____
Wind: _____
Etwas Besonderes: _____

Sonne: _____
Wolken: _____
Temperatur: _____
Regen/Schnee: _____
Wind: _____
Etwas Besonderes: _____

Sonne: _____
Wolken: _____
Temperatur: _____
Regen/Schnee: _____
Wind: _____
Etwas Besonderes: _____

Lektion 6: Landschaften in Deutschland

die Nordsee

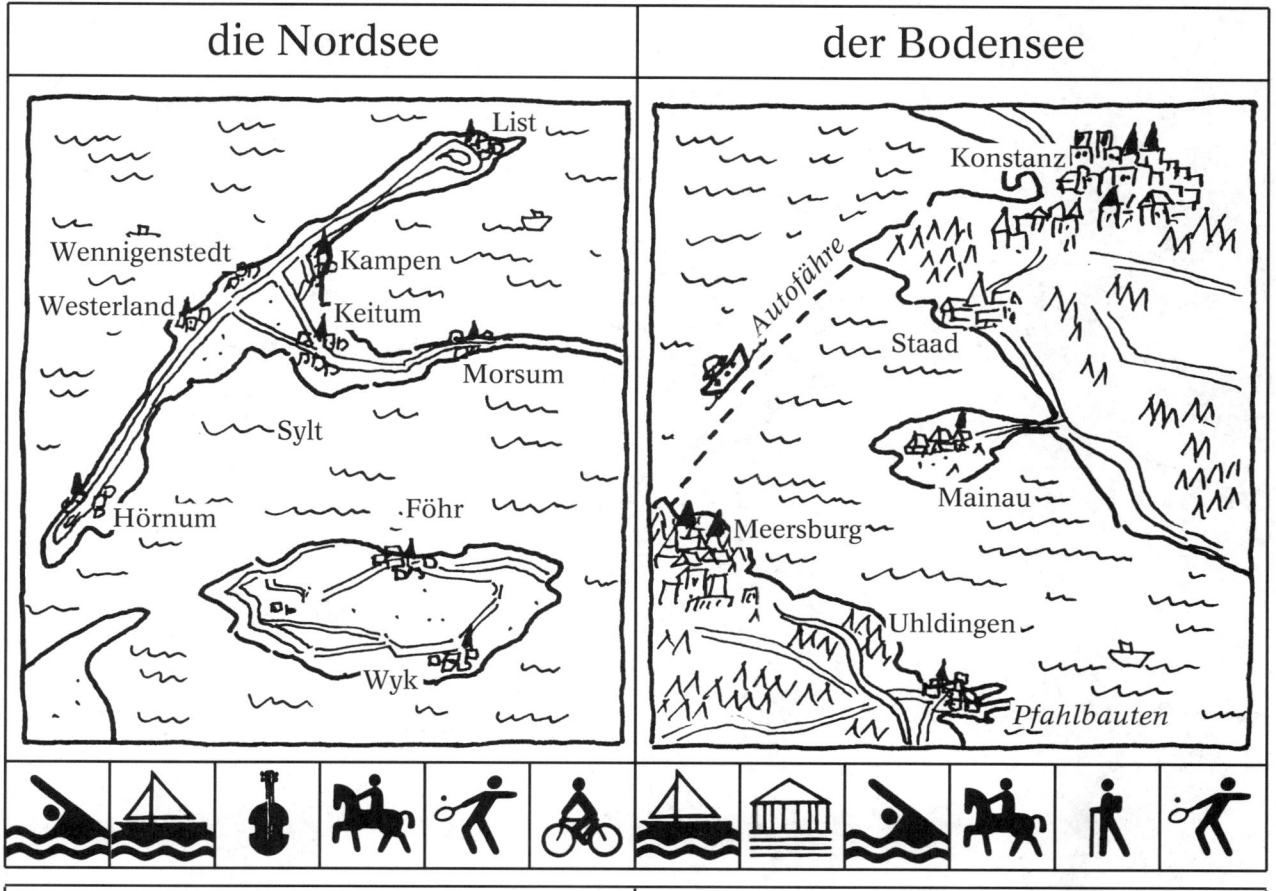

List, Wennigenstedt, Kampen, Westerland, Keitum, Morsum, Sylt, Hörnum, Föhr, Wyk

der Bodensee

Konstanz, Autofähre, Staad, Mainau, Meersburg, Uhldingen, Pfahlbauten

der Schwarzwald

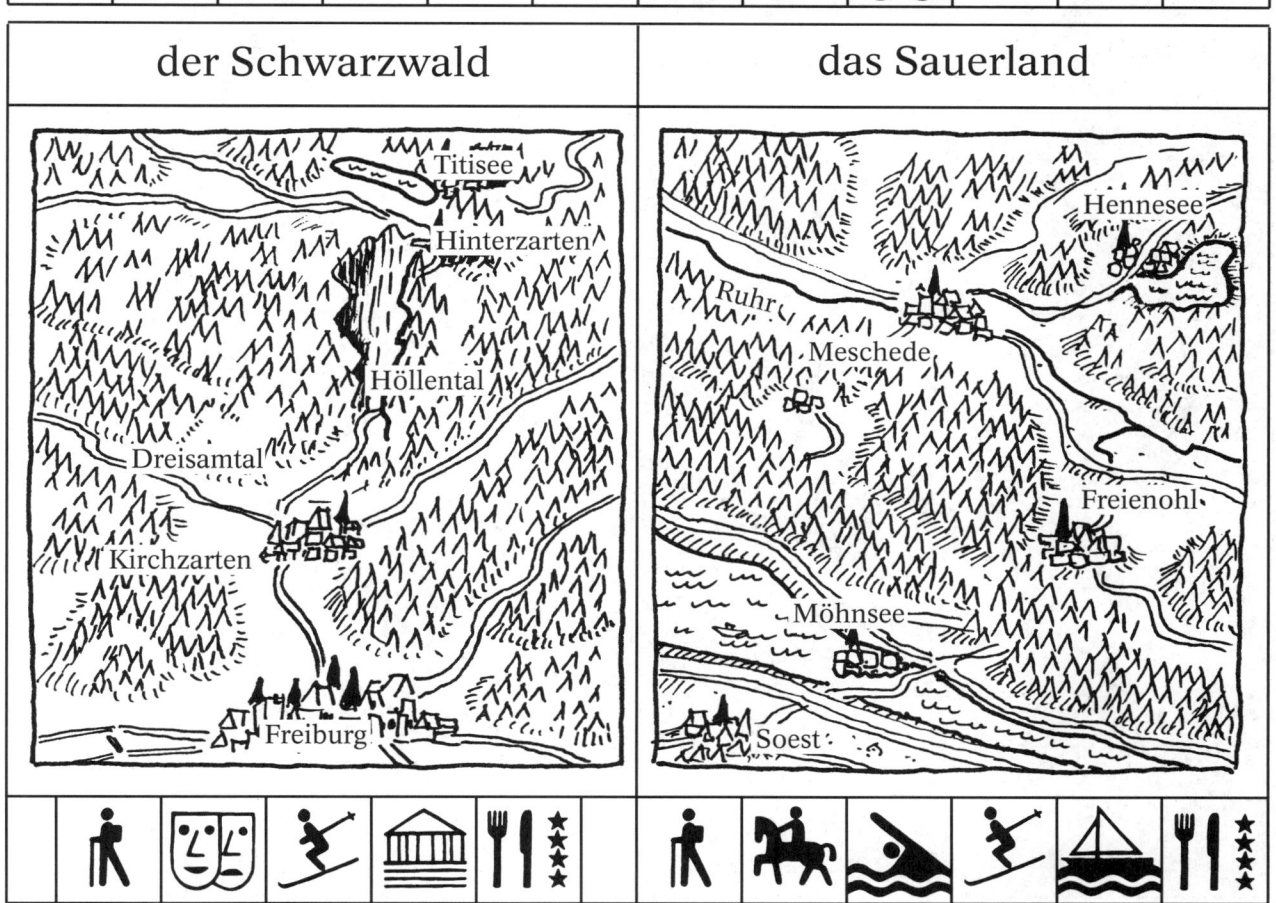

Titisee, Hinterzarten, Höllental, Dreisamtal, Kirchzarten, Freiburg

das Sauerland

Hennesee, Ruhr, Meschede, Freienohl, Möhnsee, Soest

39 Lektion 6: Wo liegt eigentlich …?

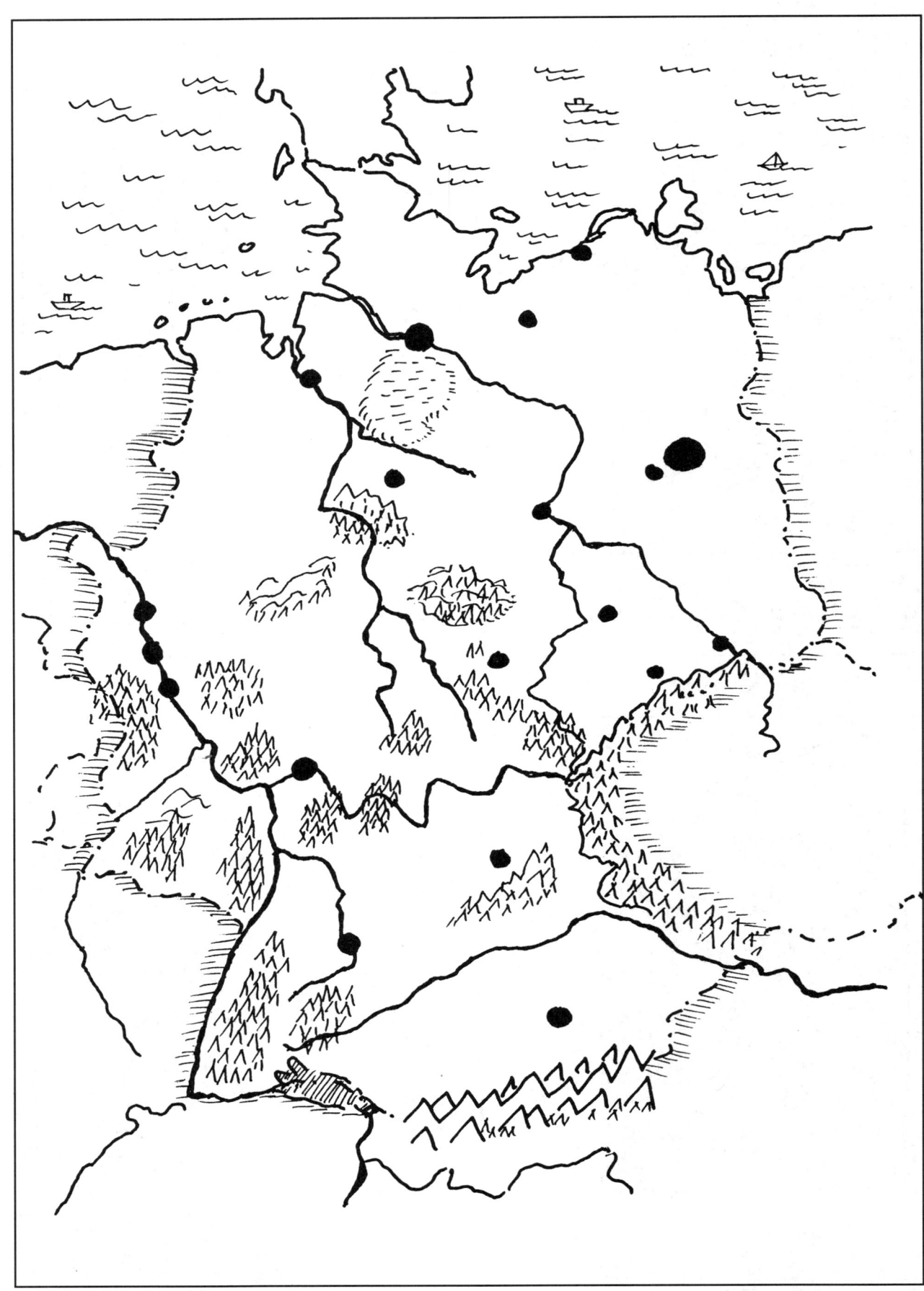

Lektion 6: Was bedeutet „Deutschland" für Sie? 40

Lektion 6: Sortieren leicht gemacht

Was gehört in die Biotonne?

Küchenabfälle
Obst-, Gemüse-, Lebensmittelreste, Kaffeefilter, Teebeutel, Kaffee- und Teesatz, Eier-, Nuss-, Zwiebel-, Kartoffelschalen, Südfrüchte, Gemüseabfälle, Fischgräten, Knochen, Speisereste

Gartenabfälle
Gras-, Rasen-, Strauch-, Baumschnitt, Unkraut, Schnitt- und Topfblumen, Blumenerde, Nadelstreu, Fallobst, Laub

Sonstige organische Abfälle
Küchenpapier, Papierservietten und -taschentücher, Knüllpapier, verschmutzte Papierverpackungen (z.B. Mehltüten, Butterbrotpapier), Eierpappkartons, Hobel- und Sägespäne aus unbehandeltem Holz, Stroh, Tonkugeln aus Hydrokultur, Haare, Federn, Weihnachtsbäume (ohne Lametta)

Diese Abfälle nicht in die Biotonne

Restmüll
Stark verschmutzte Plastiktüten, Asche, Zigarettenkippen, Einwegwindeln, Staubsaugerbeutel, Kleintierstreu, Hundekot, Tapetenreste, Kohlepapier, Gummi, Leder, Felle, Stoffreste, Blumentöpfe, Kerzen, Kosmetika, Hygieneartikel (z.B. Watte, Wattestäbchen, Damenbinden, Tampons), Keramik, Porzellan

Wertstoffe
METALLE: Alufolien, Aluminiumdeckel von Joghurt und Sahnebechern, Getränke- und Konservendosen, Deckel von Konservengläsern, Metallfolien, Schraubverschlüsse, Vakuumverpackungen (z.B. von Kaffee)
KUNSTSTOFFE: Joghurtbecher, Kanister, Margarinebecher, Plastikflaschen, Plastiktüten, Schaumstoffe, Styropor, Weichspülerflaschen, geschäumte Obst- und Gemüseschalen
VERBUNDSTOFFE: Getränke- und Milchkartons, Kronenkorken, Wurst- und Käseverpackungen
Sonstige Wertstoffe: Glas, Papier, Papier-/Pappverpackungen mit dem „Grünen Punkt"

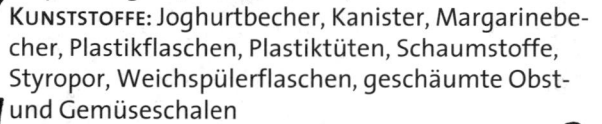

Sonstige Materialien
Sonderabfälle (Chemikalien etc.), behandeltes Holz, Tierkadaver, Schuhe, Textilien, Steine

Wohin gehören diese Materialien?

RESTMÜLL kann nicht mehr verwertet werden und wird deponiert. Aus diesem Grund sollte unbedingt beachtet werden, dass keine Wertstoffe in die Restmülltonne gelangen. Nur durch sortenreines und konsequentes Sortieren wird gewährleistet, dass Wertstoffe in den natürlichen Rohstoffkreislauf zurückgeführt und Deponiereserven geschont werden. An erster Stelle steht jedoch die Abfallvermeidung. Denn Abfallvermeidung entlastet letztendlich die Tonnen und den Geldbeutel.

WERTSTOFFE wie Kunst-, Verbundstoffe und Metalle gehören in den gelben Wertstoffsack und werden in einer Sortieranlage per Hand sortiert. Aus diesem Grund sollten alle Materialien, die in den gelben Wertstoffsack gelangen, vollständig entleert werden. Nach der Sortierung werden die Leichtfraktionen einer entsprechenden Verwertung zugeführt. Glas gehört in die Altglascontainer, Papier in die Papiercontainer bzw. nach der Zustimmung des Kreistages zur 14-tägigen Bündelsammlung (genaue Informationen folgen noch).

SONSTIGE MATERIALIEN wie Sonderabfälle (Chemikalien etc.) bitte persönlich zum Problemmüllbus bringen, denn diese Materialien bedürfen einer Sonderbehandlung. Tier- und Kleintierkadaver müssen laut gesetzlichen Vorschriften über Tierkörperbeseitigungsanlagen entsorgt werden. Behandeltes Holz kann beim Sperrmüll zur Abholung bereitgestellt werden. Gut erhaltene Altkleider finden bei karitativen Verbänden oder auf Flohmärkten einen dankbaren Abnehmer.

Lektion 6: Wohin gehört …? **41b**

Lektion 7: Einpacken oder vorher erledigen?

der Ausweis – die Batterien – der Campingkocher – das Deutschbuch – die Einkaufstasche – die Fahrkarte – das Gepäck – die Hose – die Impfung – die Jacke – die Kleider – das Lexikon – die Medikamente – das Notizbuch – das Öl – der Pullover – der Reiseführer – die Stiefel – der Taschenrechner – die Unterkunft – das Visum – die Wäsche – die Zahnbürste

gehörten einer Gruppe von insgesamt 134 italienischen Beobachtern an, die sich eine Woche lang in Chiapas aufgehalten hatte.

Ostsee-Fähre auf Grund gelaufen

Stockholm (dpa) – Eine schwedische Ostsee-Fähre ist gestern vor Stockholm auf Grund gelaufen. Alle 107 Passagiere wurden unverletzt auf andere Schiffe gebracht. Taucher haben die Fähre untersucht und große Schäden an fünf verschiedenen Stellen festgestellt.

„Alles Käse"

Frankenthal (dpa) – „Alles Käse" hieß es gestern im Stau auf der Autobahn Richtung Süden. Ein umgestürzter Lastwagen mit Käse blockierte mehr als zwölf Stunden lang die Fahrbahn. Überall auf der Straße lag Käse, er machte die Fahrbahn glatt wie Schmierseife. Man musste ihn mühsam wegräumen. Der Verkehr wurde über die Landstraße umgeleitet.

Schüsse auf Zug

Creussen (dpa) – Ein Unbekannter hat im Bahnhof von Creussen in der Nähe von Bayreuth auf einen vollbesetzten Zug geschossen. Nach Angaben der Polizei hörte der Lokführer bei Tempo 140 einen lauten Schlag auf der Höhe der Tür. Dort standen zu der Zeit drei Fahrgäste. Bei der Überprüfung am Bahnhof stellte er ein etwa vier Millimeter tiefes Loch fest. Vermutlich wurde mit einem Gewehr auf den fahrenden Zug geschossen.

Skifahrer verschüttet

Oberstdorf (dpa) – Die Bergwacht im bayerischen Oberstdorf wollte noch in der Nacht mit der Rettung von zwei Skifahrern beginnen. Sie waren von einer Lawine verschüttet. Die beiden Männer wurden am Spätnachmittag in einem einsamen Gebiet in den Bergen von Schneemassen erfasst. Einer der beiden konnte sich glücklicherweise befreien und über ein Handy die Rettungsmannschaft informieren. Der andere Skifahrer war bewusstlos und, wie die Polizei sagt, verletzt.

Ehefrau vergessen

Innsbruck (dpa) – Ein Urlauber aus Großbritannien ist mit seinem Auto 100 km quer durch Österreich gefahren und bemerkte nicht, dass seine Ehefrau nicht mehr im Fahrzeug war. Der Mann fuhr am Grenzübergang Brenner von Italien nach Österreich, während seine Frau auf dem Beifahrersitz schlief. Erst am österreichisch-deutschen Grenzübergang fiel ihm auf, dass seine Frau nicht mehr da war. Sie war am Brenner noch mal rasch auf die Toilette gegangen. Als sie zurückkam, waren ihr Mann und das Auto weg.

Schneckenpost

Neuburg (dpa) – Über drei Jahre benötigte eine Briefsendung für den kaum zwanzig Kilometer langen Weg von Ingolstadt nach Neuburg. Der eingeschriebene Brief war am 1. Dezember 1995 in Ingolstadt aufgegeben und ordnungsgemäß freigemacht und gestempelt worden. Er wurde dem Empfänger

44 Lektion 7: Urlaubsangebote

Österreich – Per Rad rund um den Neusiedler See

Auf schönen Radwegen, meist fern der Hauptstraßen, fahren wir von Wien zum Neusiedler See. Dieser See ist ein **landschaftliches Juwel** mitten in einer lieblichen Voralpenlandschaft mit Weinbergen, blühenden Gärten, offenen Wäldern und grünen Hügeln. Ein Abstecher in die **Puszta,** ein Tag zur freien Verfügung mit Ausflugsmöglichkeiten nach Budapest sowie die Möglichkeit zur Verlängerung in einem guten Hotel in **Wien** vervollständigen diese erholsame Radwoche.

Hinweis: Sie können Ihr eigenes Rad mitbringen. Die Radmiete vor Ort kostet 50 DM.

Leistungen: 6 Übernachtungen mit Dusche/WC, Halbpension, Gepäcktransport, Reiseleitung.

Preis 1085,– DM

Wandern durch das Erzgebirge

Das Erzgebirge ist bekannt durch reiche Silberfunde im Mittelalter, durch **Klöppelspitzen, Nussknacker** und **Weihnachtsengel.** Aber das Erzgebirge gilt auch als das schönste Wandergebiet Ostdeutschlands. Sechs Wander-Etappen mit einer Länge von 12–26 km (circa 7–8 Stunden) haben wir ausgesucht. Unsere Tour führt von Chemnitz bis an die Grenze zu Tschechien und bietet Rundblicke auf Höhen, Täler, Talsperren und Dörfer. Ein landeskundiger Reiseleiter begleitet Sie. Ihr Gepäck wird von Hotel zu Hotel befördert.

Leistungen: 7 Übernachtungen mit Dusche/WC, Halbpension, Gepäcktransport, je eine Bus- und Bahnfahrt, Reiseleitung.

Preis 885,– DM

Kanutour auf der Mecklenburger Seenplatte

Die Mecklenburger Seenplatte ist das wasserreichste Gebiet innerhalb von Deutschland. Hier kann man wochenlang mit dem Boot auf **Seen** und **Flüssen** herumfahren. Dabei kann man seltene Vögel beobachten, z. B. Graureiher, Eisvögel, Haubentaucher, mit etwas Glück sogar einen Weißkopfadler. Kein See gleicht dem anderen, sie sind durch Flüsse und Kanäle miteinander verbunden. Im besonders klaren und sauberen Wasser kann man große und kleine Fische entdecken. Die **Übernachtung** erfolgt auf kleinen **Campingplätzen.** Einkaufen und kochen können Sie entweder allein oder gemeinsam mit der Gruppe.

Leistungen: 7 Übernachtungen in Zelten, Boote, Schwimmweste, keine Verpflegung, Reiseleitung

Preis 649,– DM

Lektion 7: Rollenspiel: Ein Jahr in Deutschland 45

Situation

Mehrere Freunde sitzen abends nach einem gemeinsamen Tag noch zusammen. Plötzlich sagt einer:„Übrigens, ich gehe nächsten Monat für ein Jahr nach Deutschland."
Zunächst sind alle vollkommen überrascht, dann bricht eine heftige Diskussion aus. Alle Freunde wissen, was für ihren Freund das Beste ist.

Hier einige mögliche Standpunkte der Freunde:

Freund A will auch gern nach Deutschland, hat aber nicht den Mut, den Wunsch in die Tat umzusetzen.
Freund B findet es absolut unmöglich, die Heimat so lange zu verlassen. Er denkt da an seine Familie und seine Freunde.
Freund C weiss, dass es für seine berufliche Laufbahn hilfreich wäre, nach Deutschland zu gehen. Wenn es nicht so mühsam wäre, alles zu organisieren, …
Freund D hält das Ganze für eine Spinnerei. Nur Angeber machen sich damit wichtig.
Freund E glaubt, dass das eine interessante Erfahrung im Leben eines Menschen ist. Sein Großvater …
Freund F findet das ja ganz gut. Aber er befürchtet, dass sein Freund große Schwierigkeiten haben wird, wenn er nach Hause zurückkommt …

46a Lektion 7: Berufsleben gut, Familienleben schlecht

Setzen Sie in die Lücken die passenden Länder oder Nationalitäten ein.

Aber einige Dinge findet sie positiv: „Zum Beispiel, dass Jugendliche schon mit 16 von zu Hause ausziehen dürfen. So werden sie früher selbständig als die _____."

Alexandra Tokmakido, 26, ledig, kommt aus _____. Sie studiert Musik.

„Bei uns gibt es kein Erziehungsgeld, keine Reservierung von Arbeitsplätzen für Mütter mit Kleinkindern. Eine Mutter kann höchstens drei Monate zu Hause bleiben."

Das Leben in _____ ist hektisch, alles muss schnell gehen, sogar für des Essen haben die _____ wenig Zeit. Jeder denkt zuerst an sich. Das gilt besonders für deutsche Frauen. Ich finde, sie sind zu emanzipiert."

„Der _____ Mann ist als Kollege etwas toleranter als der _____. Toll sind auch die langen Urlaubszeiten. Wir haben nur zwei freie Wochen pro Jahr, und das ist für eine Familie einfach zu wenig."

Die Frauen sind zu emanzipiert.

„Die _____ sind viel spontaner als die _____, ich habe mich immer noch nicht daran gewöhnt, dass man hier außerhalb der Familie seine Gefühle so offen und deutlich zeigt.

Für alles gibt es einen Plan.

„Genau das stört mich. Hier ist kein Platz für Gefühle. Die Leute sind kühl, man interessiert sich wenig für die Sorgen anderer Menschen."

Gut findet sie auch, dass die _____ Frauen meistens den gleichen Lohn wie die Männer bekommen und dass sie im Beruf leichter Karriere machen können als in den _____.

Gute Chancen im Beruf.

„Hier kann man selbst in den Großstädten Rad fahren. Bei uns sind die Straßen immer noch nur für die Autos da.

Lektion 7: Berufsleben gut, Familienleben schlecht   46b

Korrekt, zuverlässig und umweltbewusst sind sie, aber auch zu kühl. Das sagen drei Ausländerinnen über die _____ . Die jungen Frauen kommen aus den _____ , aus _____ und aus _____ . Sie leben hier, weil sie bei uns studieren oder weil ihr Mann oder ihre Eltern hier arbeiten.

Noch etwas gefällt ihr in _____ : die freundlichen und sauberen Städte.

Obwohl sie große Ähnlichkeiten zwischen der _____ und der _____ Arbeitswelt sieht, ist sie doch erstaunt, wie groß hier die soziale Sicherheit besonders für Mütter mit Kleinkindern ist.

„Pünktlich, korrekt und logisch sind die _____ . Für alles gibt es einen Plan: einen Haushaltsplan, einen Fahrplan, einen Urlaubsplan, einen Essensplan, einen Ausbildungsplan."

Rui Hu, 25, ledig, kommt aus _____ .

Sie meint, dass Frauen in _____ ein besseres Leben haben: „Wenn bei uns Frauen heiraten, sind sie nur noch für die Familie da, die eigenen Interessen sind unwichtig. _____ Frauen sind glücklicher; ihre Männer helfen bei der Hausarbeit und bei der Kindererziehung."

Sie versteht nicht, dass sich _____ Frauen über zu viel Arbeit beschweren: „Auch die _____ ist meistens berufstätig, ihre Küche ist nicht automatisiert, und ihr Mann hilft kaum im Haushalt. Aber die _____ Frauen klagen nie."

Stephanie Tanner, 25, ledig, kommt aus den _____ . Sie ist Schiffsbauingenieurin und macht hier ein Berufspraktikum.

Toll finde ich auch das Umweltbewusstsein der _____ . Wie sehr wir in den _____ die Natur kaputtmachen, ist mir erst in _____ aufgefallen. Hier wird man sogar komisch angeguckt, wenn man Papier auf die Straße wirft.

„Zwar wollen die meisten _____ Männer immer noch, dass ihre Frau zu Hause bleibt, aber das ist vorbei."

Lektion 7: Führend auf den Weltmärkten

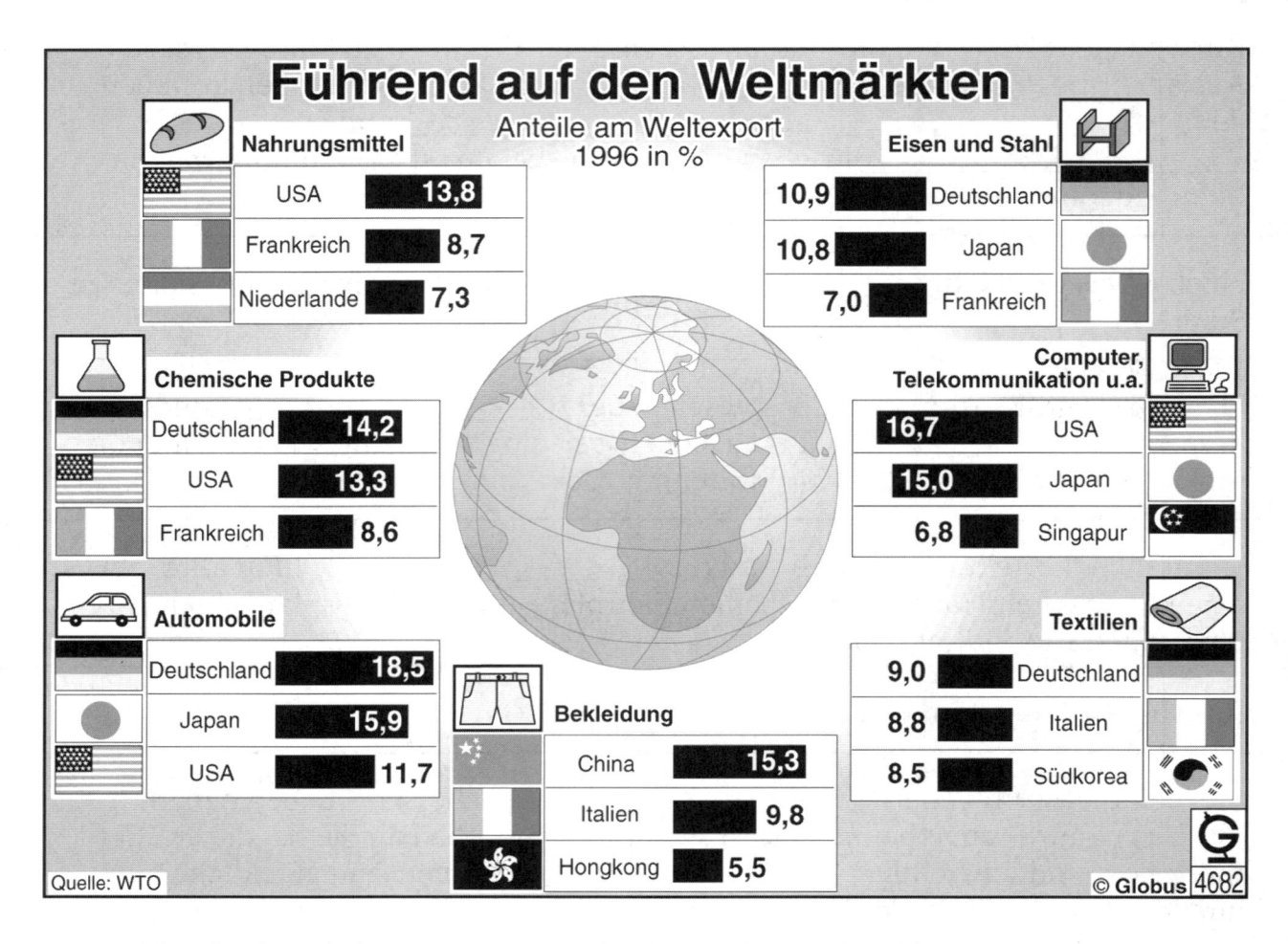

Führend auf den Weltmärkten
Anteile am Weltexport 1996 in %

Nahrungsmittel
- USA 13,8
- Frankreich 8,7
- Niederlande 7,3

Chemische Produkte
- Deutschland 14,2
- USA 13,3
- Frankreich 8,6

Automobile
- Deutschland 18,5
- Japan 15,9
- USA 11,7

Bekleidung
- China 15,3
- Italien 9,8
- Hongkong 5,5

Eisen und Stahl
- 10,9 Deutschland
- 10,8 Japan
- 7,0 Frankreich

Computer, Telekommunikation u.a.
- 16,7 USA
- 15,0 Japan
- 6,8 Singapur

Textilien
- 9,0 Deutschland
- 8,8 Italien
- 8,5 Südkorea

Quelle: WTO © Globus 4682

Deutschland gehört beim Export zur Weltspitze. Wie aus dem jüngsten Bericht der World Trade Organisation (WTO) hervorgeht, rangierte Deutschland 1995 mit Ausfuhren im Wert von 509 Milliarden Dollar hinter den USA auf Rang zwei – noch vor Japan. Bei Autos, chemischen Produkten und bei Textilien liegen deutsche Firmen sogar ganz vorne.

Lektion 8: Interesse wecken — 48

Blättern Sie bitte im Kursbuch zurück zu den Seiten 43 bis 45.

Mit den Straßenmusikanten gibt es immer wieder Ärger.
Eine Lokalreporterin will das Thema in ihrer Zeitung aufgreifen.
Wie sollte sie den Artikel schreiben?
Was würden Sie darin gern lesen?

Blättern Sie bitte im Kursbuch zurück zu den Seiten 55 bis 57.

Schichtarbeit soll künftig schlechter bezahlt und höher versteuert werden. Herr März wird nochmals von der Journalistin Eva Tanner angerufen und interviewt. Das Interview ist für das Mittagsmagazin im Radio.
Was sollte Frau Tanner fragen?
Wie könnte Herr März die größte Wirkung erzielen?

Blättern Sie bitte im Kursbuch zurück zu den Seiten 50 und 51.

Die Arbeit in Autowerkstätten ist für den Laien nicht immer kontrollierbar. Die Kunden werden misstrauisch. Jetzt wollen Sie eine Aktion starten, um auf diesen Missstand hinzuweisen. Sie suchen Leute, die Sie dabei unterstützen, die als Kunden oder Mitarbeiter in einer Autowerkstatt selbst Ärger hatten, die mehr Zufriedenheit wollen. Ein Zeitungsreporter bietet Ihnen an, in seiner Zeitung zu berichten. Was und wie soll er schreiben?

Blättern Sie bitte im Kursbuch zurück zu den Seiten 80 bis 83.

Problemmüll, d. h. Sondermüll, wird meistens an einer bestimmten Stelle zu einer bestimmten Zeit abgeholt. Sie haben viel gesammelt, aber an dem genannten Tag müssen Sie und wahrscheinlich auch viele andere Leute arbeiten. So müssen Sie Ihren Müll weiter sammeln oder Urlaub nehmen, um ihn wegzubringen. Zufällig treffen Sie einen Reporter, der das Problem selbst kennt.
Wie bringen Sie es in die Zeitung?

49 Lektion 8: Sensationsmeldungen

Lektion 8: Mogeln mit der deutschen Politik 50

Wer ist der Chef der Regierung?	Der Kanzler.
Wann wurde die Bundesrepublik gegründet?	1949.
Wie heißt die 2. Parlamentskammer?	Bundesrat.
Wer sitzt im Bundestag?	Die Abgeordneten.
Was macht der Bundespräsident?	Er repräsentiert.
Ab welchem Alter dürfen Deutsche wählen?	Ab 18 Jahren.
Wie viele Bundesländer gibt es?	16.
Wer ist Chef einer Landesregierung?	Ein Ministerpräsident.
Wie oft wird die Regierung gewählt?	Alle 4 Jahre.
Wie viele deutsche Staaten gab es bis 1990?	Zwei.
Welche Staatsform hat Deutschland?	Eine Demokratie.
Wie heißt die deutsche Hauptstadt?	Berlin.
Wie hießen die beiden deutschen Staaten?	DDR und BRD.
Wie heißt die christdemokratische Partei?	CDU.
Wie heißt die sozialdemokratische Partei?	SPD.
Wie heißt die freie demokratische Partei?	FDP.
Wo sitzt die deutsche Regierung?	In Bonn und Berlin.
Wer war 1990 Bundeskanzler?	Helmut Kohl.

Lektion 8: Zweimal Deutschland – aber welches?

1949, vier Jahre nach dem 2. Weltkrieg, gab es zwei deutsche Staaten: *Deutschland* im Osten und *Deutschland* im Westen. Obwohl sie eigene Regierungen hatten, waren die beiden Staaten anfangs nicht völlig unabhängig. In *Deutschland* bestimmte die Sowjetunion die Politik, *Deutschland* stand unter dem Einfluss von Großbritannien, Frankreich und den USA.

Im März 1952 schlug die Sowjetunion den USA, Großbritannien und Frankreich einen Friedensvertrag für *Deutschland* vor. *Deutschland* und *Deutschland* sollten zusammen wieder ein selbständiger deutscher Staat werden, der neutral sein sollte.

Aber die West-Alliierten waren gegen diesen Plan. Sie wollten, dass *Deutschland* zum Westen gehörte. Ein neutrales *Deutschland* wäre, so meinten sie, von der Sowjetunion abhängig. Auch die damalige konservativ-liberale Regierung (CDU/CSU/FDP) entschied sich für die Bindung an den Westen.

Nach 1952 wurden die Unterschiede zwischen den beiden deutschen Staaten immer größer. *Deutschland* und *Deutschland* bekamen 1956 wieder eigene Armeen. *Deutschland* wurde Mitglied im Warschauer Pakt, *Deutschland* in der NATO.

Während es in *Deutschland* große wirtschaftliche Probleme gab, entwickelte sich die Wirtschaft in *Deutschland* sehr positiv. Tausende Deutsche aus *Deutschland* flüchteten deshalb nach *Deutschland*. *Deutschland* schloss seine Grenze zu *Deutschland* und kontrollierte sie mit Waffengewalt. Durch den Bau der Mauer in Berlin wurde 1961 die letzte Lücke geschlossen.

Lektion 8: Zweimal Deutschland – aber welches?

Während der Zeit des „Kalten Krieges" von 1952 bis 1969 gab es nur Wirtschaftskontakte zwischen den beiden deutschen Staaten. Im Juni 1953 kam es in Ostberlin und anderen Orten *Deutschlands* zu Streiks und Demonstrationen gegen die kommunistische Diktatur und die Wirtschaftspolitik. Sowjetische Panzer sorgten wieder für Ruhe.

In *Deutschland* war die große Mehrheit der Bürger für die Politik ihrer Regierung. Ende der sechziger Jahre gab es jedoch starke Proteste und Studentendemonstrationen gegen die kapitalistische Wirtschaftspolitik und die enge Bindung an die USA.

Politische Gespräche wurden zwischen den beiden deutschen Staaten erst seit 1969 geführt. Das war der Beginn der sogenannten „Ostpolitik" des damaligen Bundeskanzlers Willy Brandt und seiner sozialdemokratisch-liberalen Regierung.

1972 unterschrieben die beiden deutschen Staaten einen „Grundlagenvertrag". Die politischen und wirtschaftlichen Kontakte wurden seit diesem Vertrag besser. Immer mehr Bundesbürger konnten ihre Verwandten in *Deutschland* besuchen; allerdings durften nur wenige Bürger *Deutschlands* in den Westen reisen.

Im Herbst 1989 öffnete Ungarn die Grenze zu Österreich. Damit wurde für viele Bürger *Deutschlands* die Flucht nach *Deutschland* möglich. Tausende verließen ihr Land auf diesem Weg. Andere flüchteten in die Botschaft *Deutschlands* in Warschau und Prag und blieben dort, bis sie die Erlaubnis zur Ausreise nach *Deutschland* erhielten.

Bald kam es in Leipzig, Dresden und anderen Städten *Deutschlands* zu Massendemonstrationen. Zuerst ging es um freie Ausreise in die westlichen Länder, besonders nach *Deutschland*, um freie Wahlen und freie Wirtschaft. Aber bald wurde der Ruf nach „Wiedervereinigung" immer lauter. Oppositionsgruppen entstanden; in wenigen Wochen verlor die SED, die sozialistische Einheitspartei *Deutschlands*, ihre Macht.

Lektion 9: Feste planen

*Goldene Hochzeit
Karl und Inge Lehmann*
50

Verabschiedung von Frau Luise Schmied, 63, nach 45 Jahren als Chefsekretärin der Firma Holtz

Klassentreffen des Jahrgangs 1922/23
Schlossgymnasium in Neustadt

**75. Geburtstag
Herr Alfred Volkmer**
Eisenbahnschaffner i. R.

50 Jahre
Autohaus Kunz und Söhne
Herr Kunz senior übergibt das Geschäft seinem Sohn

Silvester im Seniorenwohnheim
„Am Weinberg"

Eröffnung der Altentagesstätte am Schulzentrum

10-jähriges Bestehen der Rentner-Wandergruppe
„Des Müllers Lust"

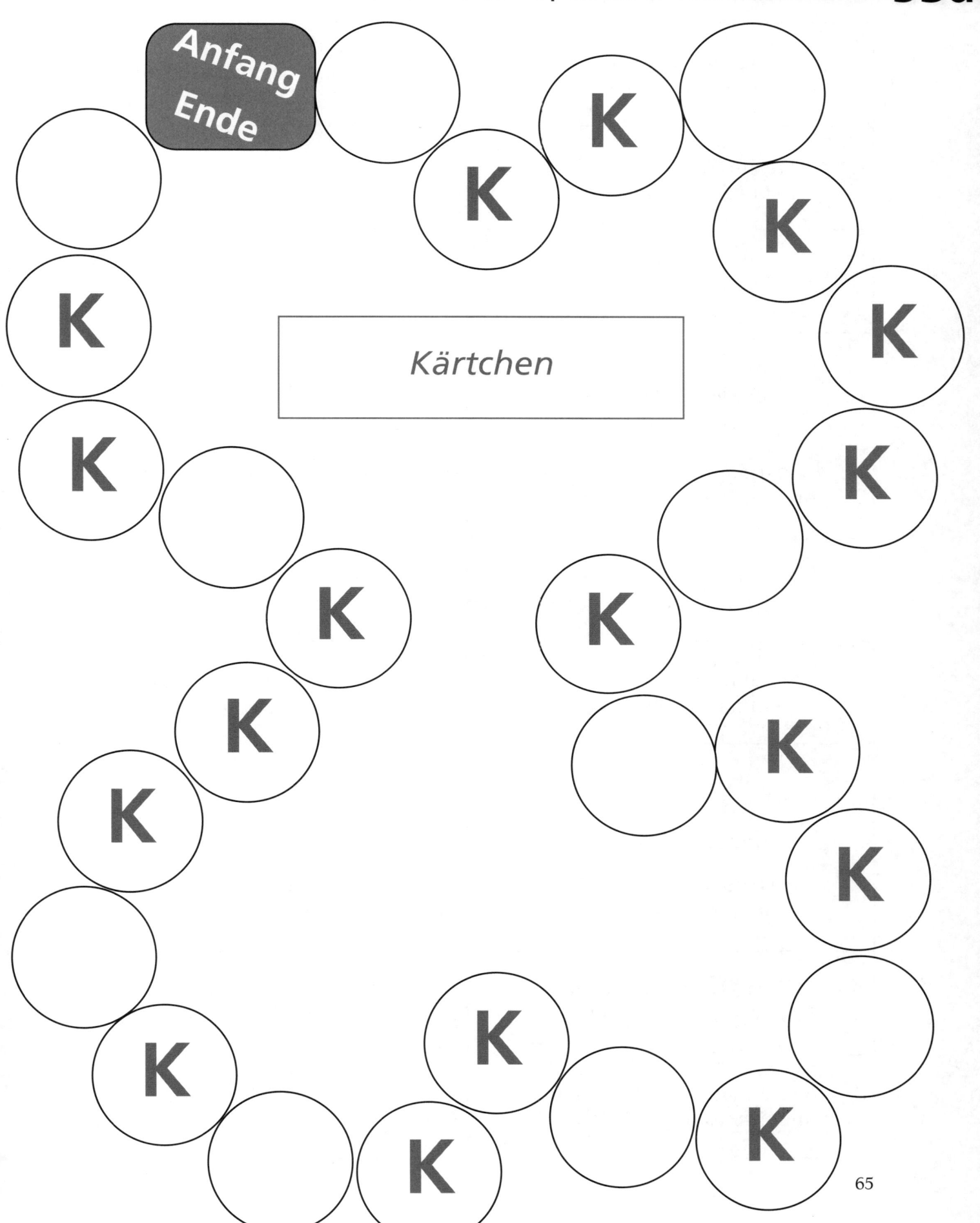

Lektion 9: Ein Spiel um das Altwerden **53a**

Anfang
Ende

Kärtchen

53b Lektion 9: Ein Spiel um das Altwerden

Warum würden Sie in ein Altenheim gehen?	Ab wann ist ein Mensch alt?
Warum würden Sie nicht in ein Altenheim gehen?	Wann entscheiden Sie sich, in ein Altenheim zu gehen?
Was tun Sie schon jetzt für Ihr Alter?	Warum sind Altenheime notwendig?
Worauf freuen Sie sich, wenn Sie in Rente gehen?	Was möchten Sie im Alter noch lernen?
Wovon möchten Sie einmal Ihren Enkelkindern erzählen?	Wann sollten alte Menschen ihren Führerschein abgeben?
Möchten Sie im Alter bei Ihren Kindern wohnen?	Was sind die Vorteile von speziellen Reiseangeboten für Senioren?
Wie sieht Ihr Alltag aus, wenn Sie nicht mehr arbeiten müssen?	Würden Sie Ihrer Enkelin raten, einen Pflegeberuf zu ergreifen?
Wo wohnen Sie, wenn Sie alt sind?	Soll man alte Menschen noch für viel Geld operieren?
Was möchten Sie im Alter nicht mehr machen?	Wie viele Menschen kennen Sie persönlich, die über 70 Jahre alt sind?
Was möchten Sie im Alter unbedingt machen?	In einem Altenheim in Ihrer Nähe ist „Tag der offenen Tür". Gehen Sie hin?
Kennen Sie einen Roman über alte Menschen? Welchen?	Im Supermarkt ist an der Kasse vor Ihnen eine alte Dame. Sie ist etwas langsam. Wie reagieren Sie?

Lektion 9: Rollenspiel: Wohin im Alter? 54

Stellen Sie sich vor, Sie sind eine der folgenden Personen:

Sohn

Ihrer Mutter geht es nicht mehr besonders gut. Sie ist in der letzten Zeit häufig krank. Ihr Vater kann sie nicht pflegen, weil er selbst gehbehindert ist. Sie wollen demnächst mit Ihrer Frau in ein größeres Haus umziehen. Da könnten Ihre Eltern dann bei Ihnen wohnen. Ihre Frau könnte sich um die beiden alten Leutchen kümmern. Allerdings könnte sie dann nicht mehr arbeiten gehen. Sie selbst sind durch Ihre Arbeit häufig auch länger unterwegs.

Mutter

Sie waren in der letzten Zeit häufig krank und konnten sich nicht mehr um den Haushalt kümmern. Ihr Mann ist auch keine Hilfe. Er ist zwar Rentner, aber er ist stark gehbehindert. Sie werden eben beide älter. Sie würden sich am liebsten nach einem Platz in einem Altenheim umsehen. Von Ihrer Schwiegertochter möchten Sie sich auf keinen Fall pflegen lassen. Sie mussten selbst jahrelang Ihren Schwiegervater versorgen.

Vater

Das Angebot von Ihrem Sohn, mit in das neue große Haus zu ziehen, ist sehr verlockend. Ein Altenheim, von dem Ihre Frau immer öfter spricht, erinnert Sie zu sehr an eine Kaserne oder ein Krankenhaus. Auch wenn Sie schlecht gehen können, sind Sie noch lange kein Pflegefall. Sie möchten gern Ihre Unabhängigkeit bewahren. Sie sind nicht sicher, ob Sie wirklich unter einem Dach mit Ihrem Sohn und Ihrer Schwiegertochter wohnen möchten. Sie möchten den beiden auch nicht zur Last fallen.

Ehefrau/Schwiegertochter

Ihr Mann möchte, dass seine Eltern mit in das neue Haus ziehen. Das Haus ist zwar groß genug, aber Sie müssten immer für die beiden da sein. Arbeiten gehen ist für Sie dann nicht mehr möglich. Sicher könnten sich die beiden dann mal um die Katzen kümmern, wenn Sie mit Ihrem Mann wegfahren wollen. Aber wahrscheinlich ist das gar nicht möglich. Ihre Schwiegermutter liegt wegen ihrer Krankheit häufig im Bett und Ihr Schwiegervater ist gehbehindert, er kann nicht einmal alleine einkaufen gehen. Sie würden Ihre Schwiegermutter lieber regelmäßig in dem Altenheim besuchen, von dem sie schon ein paar Mal erzählt hat. Aber Ihr Mann will seine Eltern auf keinen Fall in ein Altenheim lassen.

Lektion 9: Geburtstage

Heute wird geflaggt

Jakob Otto Kahl wird 103 Jahre alt

103 wird er heute: der Mombacher Jakob Otto Kahl aus der Hauptstraße 112. Er ist zufrieden und für sein Alter fit, sagen seine Tochter und sein Sohn über ihren Vater. Er liest in der Zeitung noch die Überschriften und redet mit ihnen darüber. Meistens erzählt er allerdings von früher, besonders vom Ersten Weltkrieg.

Die ganze Zeit von 1914 bis 1918 war er an der Front, in Frankreich, Russland und auf dem Balkan. Er wurde mehrmals verwundet. Von der Kriegszeit abgesehen war Jakob Otto Kahl nur einmal außerhalb seiner Heimatstadt. Als Landwirt hatte er für Urlaub keine Zeit.

1921 hat er seine Frau Barbara geheiratet. Sie ist 1973 gestorben. Sie hatten zwei Kinder, die inzwischen auch jeweils zwei Kinder haben. Seit 1908 ist Jakob Otto Kahl im Turnverein. Er ist stolz, dort das älteste Mitglied zu sein. Außerdem ist er der älteste Bürger in seiner Gemeinde, jedenfalls wenn man die älteste Bürgerin (104) nicht als Konkurrenz sieht.

Seit seinem 100. Geburtstag wird die Straße, in der Jakob Otto Kahl wohnt, am 11. März immer geflaggt.

Immer gern geredet

Christine Fink feiert 102. Geburtstag

Ein altes Schwarzweißfoto hat seinen Ehrenplatz über dem Sofa. Darauf ist Christine Fink in einem weißen Hochzeitskleid und mit Blumenkranz im Haar neben ihrem Ehemann im eleganten Frack zu sehen. Das war 1927. 38 Jahre lang war Christine Fink glücklich verheiratet. 1965 ist ihr Mann nach einer langen und schweren Krankheit gestorben. Sie hat ihn gepflegt.

In der Neutorstraße haben sie zusammen eine Bäckerei gehabt. Christine Fink ist mit Leib und Seele Verkäuferin gewesen, sie hat immer gern mit den Kunden geredet. Im Zweiten Weltkrieg wurde die Bäckerei zerbombt. Da haben die beiden dann wieder von vorne anfangen. Leider hatten sie keine Kinder. Ihren 102. Geburtstag feiert Christine Fink mit ihren Neffen und Nichten. Sie wünscht sich, dass sie auch weiterhin so gesund bleibt, wie sie es jetzt ist.

Ehrenamtliche Leistung wird gewürdigt

Bennopreis an 23jährige vergeben

Für ihre ehrenamtliche Jugendarbeit in der Pfarrei St. Achaz erhielt die 23jährige Sabine Wiedehopf jetzt den „Bennopreis" des Bundes der Deutschen Katholischen Jugend (BDK) Kinderpflegerin Sabine Wiedehopf

Depressionen im Alter sind heilbar
Experten fordern eine bessere psychologische Schulung der Hausärzte

Kassel (dpa): Nach einer aktuellen Studie leidet jeder vierte ältere Mensch unter Depressionen. Aber nur sehr wenige werden entsprechend behandelt. Dies stellte ein Professor für klinische Psychologie an der Universität Kassel fest.

Dabei sind Depressionen bei alten Menschen sehr gut heilbar. Bei Menschen von 65 Jahren an wird aber nur jede zwanzigste Depression behandelt. Viele Ärzte nehmen diese Krankheit bei älteren Patienten nicht ernst. Sie halten sie für eine normale Lebenserscheinung in diesem Alter.

Häufig werden Depressionen als Resultat der schwierigen Lebensumstände angesehen, z.B. der Einsamkeit, deshalb wirken sie fast normal. Dabei handelt es sich um eine durchaus ernste Krankheit.

An der Berliner Universität wurden die Heilungserfolge der Altersdepression untersucht. Eine Studie mit 500 Personen hat gezeigt, dass viele Depressive nach der Behandlung wieder ein zufriedenes, glückliches Leben führen konnten.

Die Heilungserfolge bei Depressionen sind unabhängig vom Alter der betroffenen Personen. Wenn die Hausärzte besser informiert wären und mehr über Altersdepression wüssten, könnten sie vielen älteren Menschen helfen. Man könnte damit die Gesundheit der alten Menschen insgesamt verbessern, da Depressionen oft echte körperliche Beschwerden verursachen.

36-jähriger in Klinik
Kind vor Absturz gerettet, aber selber abgestürzt

Kurt. R. bewahrte die fünfjährige Franziska vor einem schlimmen Sturz, doch dann traf es ihn selbst. Der 36 Jahre alte Angestellte aus Mannheim, der zur Z... Eltern in Neuhausen besucht, ging mit der Familie am Sonntagnachmittag an Isarhochufer spazieren. Als sie auf der Höhe der Gaststätte M...

Lektion 10: Vier Gedichte von Joachim Ringelnatz

Bumerang

War einmal ein Bumerang;
War ein weniges zu lang.
Bumerang flog ein Stück,
Aber kam nicht mehr zurück.
Publikum – noch stundenlang –
Wartete auf Bumerang.

Fand meinen Handschuh wieder

Als ich den einen verlor,
Da warf ich den andern ins Feuer
Und kam mir wie ein Verarmter vor.
Schweinslederne sind so teuer.

Als ich den ersten wieder fand:
Shake hands, du ledernes Luder!
Dein eingeäscherter Bruder
Und du und ich – : Im Dreierverband
Da waren wir reich und mächtig.
Jetzt sind wir niederträchtig.

Die Ameisen

In Hamburg lebten zwei Ameisen,
Die wollten nach Australien reisen.
Bei Altona auf der Chaussee,
Da taten ihnen die Beine weh.
Und da verzichteten sie weise
Dann auf den letzten Teil der Reise.

Im Park

Ein ganz kleines Reh stand am ganz kleinen Baum
Still und verklärt wie im Traum.
Das war des Nachts elf Uhr zwei.
Und dann kam ich um vier
Morgens wieder vorbei.
Und da träumte noch immer das Tier.
Nun schlich ich mich leise – ich atmete kaum –
Gegen den Wind an den Baum,
Und gab dem Reh einen ganz kleinen Stips,
Und da war es aus Gips.

aus Joachim Ringelnatz
Das Gesamtwerk in sieben Bänden
Copyright © 1994 by
Diogenes Verlag AG Zürich

Lektion 10: Bücher **58a**

- Jostein Gaarder – Sofies Welt. Roman über die Geschichte der Philosophie (Hanser)
- Michael Ondaatje – Der englische Patient (Roman/Hanser)
- Stephen King – Schlaflos / Insomnia (Roman, Heyne) 
- Elizabeth George – Denn sie betrügt man nicht (Roman, Blanvalet) 
- Dieth/Maier – Die Ostsee. Inseln, Küsten, Land und Leute (Bechtermünz Verlag)
- Radwandern in Deutschland. Die 200 schönsten Touren für die ganze Familie 
- Thüringen in Wort und Bild 
- Der große Einkaufsführer Fabrikverkauf in Deutschland 1998 (Zeppelin Verlag) 
- Do it Yourself – Heimwerken. Reparieren und Renovieren in Haus und Wohnung (Weltbild Verlag)
- Paola Incze – Mode mit Tüchern (Augustus Verlag) 
- kosmos – Sigrid Heuer: Großmutters Zimmerpflanzen. pflegen, gesund erhalten, vermehren 
- Der Original 100jährige Kalender nach Abt Dr. Mauritius Knauer (Irisiana) 
- Ernst Stürmer – Asiatische Heilkunst. Das praktische Handbuch (Bechtermünz Verlag) 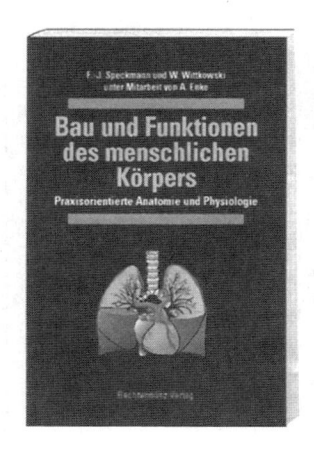
- F. J. Speckmann und W. Wittkowski unter Mitarbeit von A. Enke – Bau und Funktionen des menschlichen Körpers. Praxisorientierte Anatomie und Physiologie
- Maria Treben – Gesundheit aus der Apotheke Gottes. Ratschläge und Erfahrungen mit Heilkräutern (Ennsthaler)
- Franziska von Au – Die besten Hausrezepte gegen alle Krankheiten (Cormoran)

71

Lektion 10: Bücher

Schon jetzt ein Literatur-Klassiker!
Erfrischend, witzig und geistreich
Der Bestseller aus Norwegen: Ein Kriminal- und Abenteuerroman des Denkens und eine spannende Entdeckungsreise durch die Welt der Philosophie von den Anfängen bis zur Gegenwart! Die Geschichte der 15-jährigen Sofie und eines geheimnisvollen Briefeschreibers … »Spannend wie ein Thriller« *Buch aktuell*. »Eine kleine Sensation« *Börsenblatt*.

Als Film ein Riesenerfolg
Vier Gestrandete und die verschlungenen Wege des Schicksals
Ende des II. Weltkriegs treffen in einer Villa vier ganz unterschiedliche Menschen zusammen. Der „Patient" erinnert sich dabei an die Liebe seines Lebens … »Dieser Roman trägt eine dreifache Krone: er ist tiefgründig, schön und lässt das Herz schneller schlagen« *Toni Morrison*.

„ES" ist besiegt – das Grauen geht weiter …
Horror-Meister Stephen King führt Sie erneut in das Provinzstädtchen Derry, Maine – bekannt aus seinem Bestseller »Es«: Ralph Roberts, einen älteren Mann, hat der Tod seiner Frau um den Schlaf gebracht. Nacht für Nacht liegt er wach und entwickelt mit der Zeit die seltsame Gabe, mit den Schicksalsmächten des Jenseits in Kontakt zu treten …

Eine besondere Überraschung für die Fans von Inspector Lynley
Eigentlich wollte Barbara Havers, Inspector Lynleys Assistentin, in die Ferien fahren und sich endlich von den Folgen eines Berufsunfalls erholen. Doch dann geschehen seltsame Dinge: Ihr Nachbar, ein pakistanischer Professor, verlässt überstürzt die Stadt, ein anderer Pakistani wird tot aufgefunden. Zufall? …

Bernsteinküsten und Kreidefelsen
Tiefe Förden, stille Haffs und verträumte Bodden bestimmen hier das Bild ebenso wie alte Mühlen, malerische Leuchttürme oder verschlafene Fischerhäfen: Dieser wunderbare Band vermittelt einen umfassenden Einblick in das Leben von Land und Leuten, von Natur und Kultur am Südrand der Ostsee.

Im praktischen Ringordner
200 traumhafte Radtouren auf herausnehmbaren Faltkarten
Rund- und Streckentouren durch herrliche Natur, zu beliebten Ausflugszielen und Sehenswürdigkeiten. Mit 200 Routenkarten, Wegbeschreibungen … Jede Tour mit Angaben zu Tourenlänge, Fahrzeit und Höhenunterschieden.

Thüringen – wie es einmal war …
Ein liebenswürdiger Rückblick auf das Land im Zeichen der Wartburg! Zeitgenössische Beiträge und rund 150 alte Fotografien und Stiche führen durch Thüringen – bis zum Ende des 19. Jahrhunderts: • Bauernhochzeit in der coburgischen Gegend • Lauscha und sein Glas • Holzflößerei auf der Saale • Zeulenrodas „Gewerbfleiß" • Weimars klassische Zeit • u. v. a. m.

Der Wegweiser für Ihre Schnäppchen-Tour 1998
Farbikverkauf heißt das Schlagwort, bei dem Preisbewusste hellhörig werden! In diesem neuen Schnäppchenführer quer durch Deutschland finden Sie Firmen-Kurzporträts, das jeweilige Warenangebot, Preise und Wegbeschreibungen. „Der Schnäppchenführer zeigt detailliert auf, wo sparsame Käufer Ware billig ab Werk erwerben können…" *Der Spiegel*.

Über 1.100 Farbfotos
Erfolgreich Heimwerken
Das unentbehrliche Heimwerker-Handbuch mit zahlreichen praxisnahen Ratschlägen und pfiffigen Tipps, die helfen, viel Geld zu sparen! Ob Parkett verlegen, Tapezieren, Holzverarbeitung, Maurer-, Maler- oder Elektroarbeiten: über 1.100 Farbfotos, Zeichnungen und Schritt-für-Schritt-Anleitungen zeigen, wie's geht.

Ein Muss für Modebewusste
100 Tipps zum Wickeln, Binden und Knoten
Klassisch, modisch, fantasievoll: Mit Tüchern lässt sich Ihre Kleidung für viele Anlässe einfallsreich verändern. 100 tolle Ideen, Tücher zu tragen, liefert Ihnen dieses Buch: Kesse Brust- und Hüfttücher, luftige Röcke und elegante Kleider lassen sich mit wenigen Handgriffen aus Tüchern zaubern. Mit Schritt-für-Schritt-Zeichnungen.

Omas „grüne" Tipps
Wie pflegt man eine Azalee, ein Usambaraveilchen oder eine Flamingoblume? Leicht umsetzbare Methoden aus Großmutters Zeiten zeigen Ihnen, wie Sie die wichtigsten 60 Zimmerpflanzen optimal versorgen – und das ganz ohne Chemie: • vorbeugende Pflanzenpflege • die richtige Diagnose bei Pflanzenkrankheiten • Zimmerpflanzendoktor-ABC • biologische Schädlingsbekämpfung • u. v. a.

Heute noch so aktuell wie früher
Leben Sie im Einklang mit der Natur!
Uraltes Wissen neu entdeckt – heute noch so aktuell und beliebt wie damals: die Wetterprophezeiungen des Abtes Dr. M. Knauer. Dazu alte Bauernregeln, vielfältige Hinweise zu Garten, Landwirtschaft, Weinbau, Fischzucht, zu Krankheiten, gesundheitlichen Risiken und Wohlbefinden … Mit ausführlicher Beschreibung der einzelnen Planetenjahre.

Auf sanfte Art fit & gesund bleiben
Der umfassende Ratgeber mit den vielfältigen Methoden asiatischer Heilkunst und ihren Anwendungsmöglichkeiten! Vorbeugen und ganzheitlich heilen – durch alt-asiatisches Wissen: • Ginseng • Yoga • Ernährung und Fasten • Atemtherapie • Farbtherapie • Meditation • Gymnastik • Akupressur und Akupunktur …

Bereits in 18. Auflage (1994)!
Faszinierende Einblicke in unseren Organismus
Wer mehr über das Wunderwerk »Mensch« wissen will, findet hier fundierte Informationen – mit Hunderten von farbigen Schaubildern anschaulich präsentiert: • Zellen und Gewebe • Nerven • Verdauung • Atmung • Kreislauf • Nieren & Wasserhaushalt • Blut & Abwehrsystem • u. v. m.

Über 8 Millionen mal verkauft!
Der Klassiker von Maria Treben
Gegen jede Krankheit ist ein Kräutlein gewachsen! Hier der gesammelte Erfahrungsschatz der österreichischen „Kräuterfrau" in Wort und Bild: • vom richtigen Sammeln, Aufbewahren und Zubereiten der Heilkräuter • Ratschläge für verschiedene Krankheiten – von Akne und Appetitlosigkeit bis zu Schuppenflechte und zur Zuckerkrankheit.

Was hilft wirklich gegen …
Rezepte aus Großmutters Hausapotheke
Mistletee fürs Herz, Rosmarindämpfe gegen Schnupfen, Zwiebelpackung bei Kopfschmerzen – Großmutter kannte sich aus! Greifen auch Sie jetzt zu den erprobten Hausmitteln: 150 Kräuter, Gewürze und Ihre Anwendung gegen Krankheiten von A–Z in diesem umfassenden Ratgeber. Außerdem viele Schönheitsrezepte.

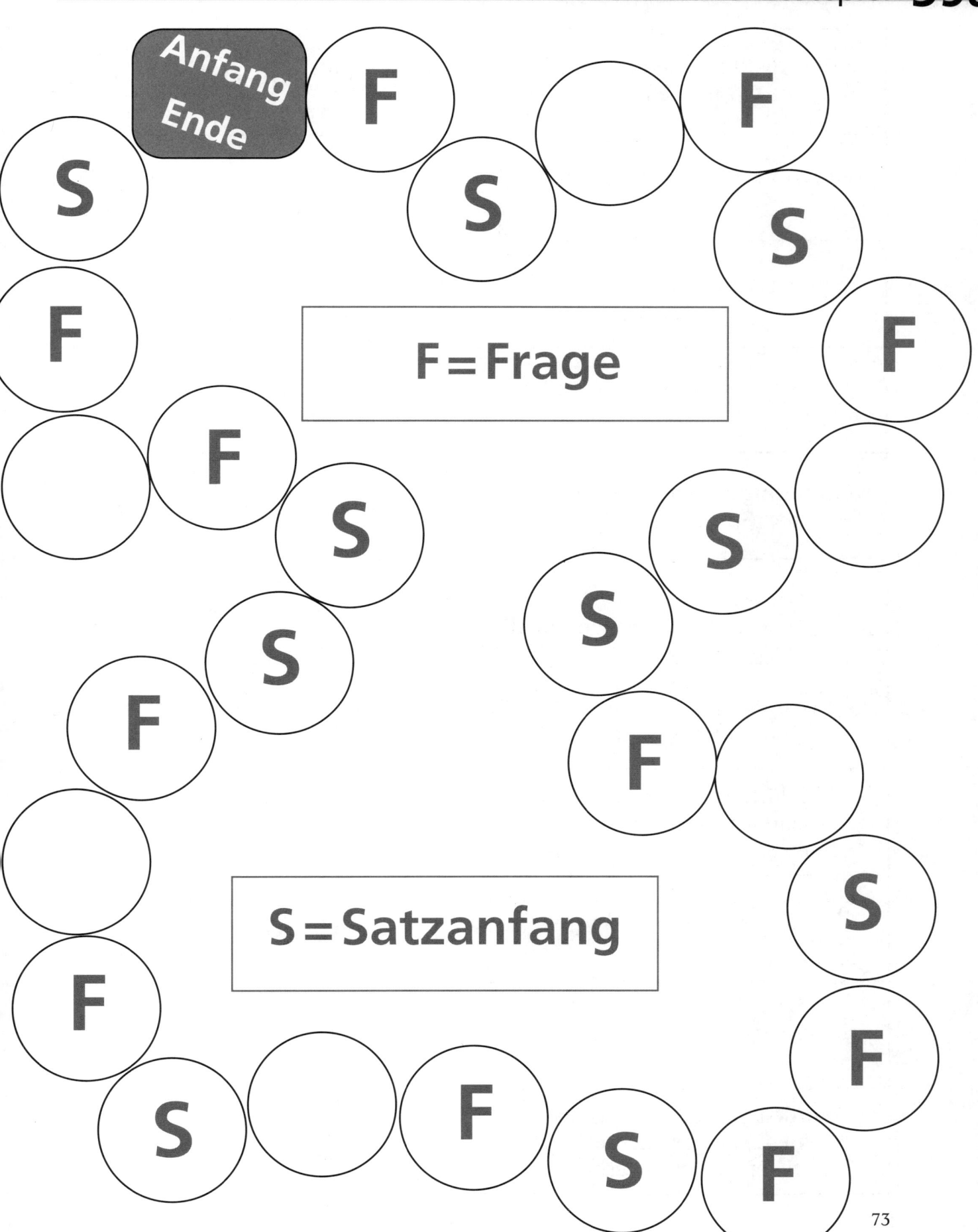

Lektion 10: Lesespiel **59a**

Anfang / Ende

F = Frage

S = Satzanfang

59b Lektion 10: Lesespiel

Wie heißt Ihr Lieblingsbuch? Worum geht es?	Mein Lieblingskrimi handelt von …
Wer ist Ihr Lieblingsschriftsteller? Warum?	Wenn ich ein Buch schreiben würde, dann ginge es um …
Welches Buch lesen Sie gerade? Warum?	Als ich das letzte Mal in einer Buchhandlung war, …
Wann und wo lesen Sie am liebsten?	In der Schule mussten wir immer … lesen.
Worum ging es in dem letzten Krimi, den Sie gelesen haben?	Ich lese am liebsten …
Was lesen Sie am liebsten, und was lesen Sie überhaupt nicht?	Bücher müssen für mich …
Würden Sie einen Roman im Internet lesen?	Wenn ich erst einmal angefangen habe zu lesen, dann …
Sie dürfen sich ein besonders schönes Buch aussuchen. Für was entscheiden Sie sich?	Als Buch verschenke ich …
Welche klassischen Werke haben Sie in der Schule gelesen?	Ich lese ein Buch …
Erinnern Sie sich an Ihr erstes Buch?	Wenn ich ein Buch gut finde, dann …
Würden Sie lieber einen Krimi, eine Liebesgeschichte oder Science Fiction lesen?	Wenn ich einmal ganz viel Zeit habe, lese ich …

Lektion 10: Bücherquartett 60

Buch	Buch	Buch	Buch
Autor	Autor	Autor	Autor
Titel	Titel	Titel	Titel
Inhalt	Inhalt	Inhalt	Inhalt
Buch	Buch	Buch	Buch
Autor	Autor	Autor	Autor
Titel	Titel	Titel	Titel
Inhalt	Inhalt	Inhalt	Inhalt
Buch	Buch	Buch	Buch
Autor	Autor	Autor	Autor
Titel	Titel	Titel	Titel
Inhalt	Inhalt	Inhalt	Inhalt
Buch	Buch	Buch	Buch
Autor	Autor	Autor	Autor
Titel	Titel	Titel	Titel
Inhalt	Inhalt	Inhalt	Inhalt
Buch	Buch	Buch	Buch
Autor	Autor	Autor	Autor
Titel	Titel	Titel	Titel
Inhalt	Inhalt	Inhalt	Inhalt

Vorschläge für den Unterricht

LEKTION 1

1 Personen beschreiben

Folie

KL projiziert die Vorlage und fragt:

> *Welcher Mann ist groß und ... ?*

KT 1: *Der Mann in der ... Reihe.*

oder *Der Mann neben der Frau mit ...*

oder er zeigt auf die entsprechende Person.

KT 1 fragt weiter:

> *Welche Frau ist ... und sieht ... aus?*

KT 2 antwortet und fragt weiter.

KL verdeckt eine der gezeichneten Personen mit einem Stück Papier und fragt:

> *Erinnern Sie sich?*
> *Wie sieht diese Person aus?*

KT zählen die Merkmale auf, an die sie sich erinnern. KL oder ein KT schreibt mit und fasst das Ergebnis abschließend zusammen:

> *Die Person ist ein Mann / eine Frau.*
> *Er / Sie ... .*

Wenn alle einverstanden sind, wird das Papier weggenommen und die aufgeschriebenen Punkte werden mit der Zeichnung verglichen.

KL schaltet den Arbeitsprojektor aus:

> *Wie sieht die Person oben links aus?*
> *Wo ist der Mann mit dem Bart?*
> *Welche Frau hat ... ?*

KT raten. KL schaltet den Projektor ein.

Folie und Papier

Die Papierkopie wird zerschnitten, so dass die „Personen" verteilt werden können. Folie wird projiziert.

KT 1 beschreibt seine Person. Die anderen KT raten, welche es ist, und zeigen sie auf der Folie. Der KT, der die richtige Lösung gesagt hat, beschreibt die Person von seinem Kärtchen.

Es macht am meisten Spaß, wenn die Beschreibungen nicht mit dem eindeutigsten Merkmal anfangen.

Papier

Die Vorlage zweimal kopieren und die beiden Kopien so zerschneiden, dass Kärtchen mit jeweils einer Person darauf entstehen. Alle KT bekommen ein Kärtchen und sollen den KT finden, der dieselbe Person hat. Beim Verteilen darauf achten, dass alle Kärtchen doppelt vorhanden sind.

Verwendung in Anlehnung an das Memory-Spiel

Alle Kärtchen werden mit der Zeichnung nach unten unsortiert auf den Tisch gelegt.

KT 1 deckt zwei Kärtchen auf und beschreibt kurz die beiden Personen darauf. Sind sie zufällig identisch, können sie beiseite gelegt werden, sonst werden sie auf den alten Platz zurückgelegt.

KT 2 nimmt ein Kärtchen, sagt, was darauf ist, nimmt ein zweites, sagt, was darauf ist.

KT 3 fährt fort.

Wer zwei identische Kärtchen gefunden hat, kann sie behalten und darf noch einmal zwei Kärtchen nehmen.

Ziel des Spiels ist es, so viele zusammenpassende Kärtchen wie möglich zu finden.

2 Beschreiben und beurteilen

Folie

Die Vorlage wird projiziert. KL und KT beschreiben gemeinsam eine der Personen:

> *Sie ist jung.*
> *Sie lacht.*
> *Sie trägt ein kariertes Kleid.*
> *Sie hat glattes Haar, kleine Ohren, ...*

Dann wird gemeinsam diese Figur beurteilt:

> *Ich finde, sie sieht sympathisch aus.*
> *Ich glaube, sie ...*

Eventuell kennen einige KT die Person und können Informationen beisteuern:

> *Sie heißt ...*
> *Sie war verheiratet. Ihr Mann ...*

Alle Personen werden gemeinsam im Plenum oder in Kleingruppen besprochen.

Papier

Die Fotos werden ausgeschnitten, jeweils eine wird an jede Kleingruppe verteilt.

Gesucht wird die beliebteste Person im Kurs. Dazu beschreibt zunächst jede Gruppe die ihr vorliegende Person so positiv und interessant wie möglich.

Im Plenum werden dann alle Personen ausführlich dargestellt. Anschließend sollen die KT bestimmen, welche Person auf den ersten und welche auf den letzten Platz kommt, und dies auch begründen.

Die KT können auch andere ihnen bekannte Schauspieler beschreiben.

Die hier abgebildeten Schauspielerinnen und Schauspieler sind (von links nach rechts und von oben nach unten): Mario Adorf, Nastassja Kinski, Romy Schneider, Arnold Schwarzenegger, Uscho Glas, Klaus Kinski (Nastassjas Vater).

Vorschläge für den Unterricht

3 Heirats- und Bekanntschaftsanzeigen

Papier

Die Anzeigen werden ausgeschnitten und verteilt. Jeweils zwei KT bekommen eine Anzeige. Die Anzeigen werden gelesen, Abkürzungen gemeinsam herausgefunden.

Dann bekommen die KT zwei Aufträge:

Sie sollen mit eigenen Worten beschreiben, was sie über den Menschen aus ihrer Anzeige wissen bzw. was sie aus den Angaben erschließen können. Die Ergebnisse werden mündlich im Plenum vorgestellt. Beim Zuhören sollen die Kleingruppen außerdem einen geeigneten Partner für ihre Person heraussuchen und ihm anschließend einen Brief schreiben.

Die Briefe werden dann an die betreffende Kleingruppe gegeben. Diese entscheidet, ob ihre Person zu einem Treffen bereit wäre oder nicht.

Gruppen, die keine Reaktion bekommen, formulieren eine bessere Kontaktanzeige, um beim nächsten Mal mehr Glück zu haben.

Folie

Die KT suchen die Angaben und Wörter heraus, die für diese Anzeigen typisch sind. Dabei können verschiedene Formen von Abkürzungen geübt werden.

Gemeinsam wird dann für eine allen bekannte Person eine Anzeige formuliert und aufgeschrieben.

Anschließend überlegt sich jeder KT eine Person, für die er gern eine Bekanntschaftsanzeige aufgeben würde. Diese Person sollte ebenfalls möglichst vielen KT bekannt sein. Die Angaben werden auf einen Zettel oder auf eine Leerfolie geschrieben.

Ein KT liest im Plenum die verschiedenen Anzeigen vor. Es wird geraten, um welche Person es sich handeln könnte.

Wenn es in der Gruppe passt, kann jeder KT eine eigene Anzeige formulieren, die allerdings unter die Rubrik „Freizeitaktivitäten – wer macht mit?" aufgenommen werden sollte.

4 Spiel mit Farben

Papier

Das Spiel wird am besten in Gruppen mit drei bis vier KT gespielt. Außer einem kopierten Spielplan werden Spielfiguren und Würfel benötigt. Die Augenzahl des Würfels zeigt an, wie viele Felder man vorrücken kann und welche Farbe jeweils einzusetzen ist.

Die KT legen vorher ihre Spielregeln fest, z.B. das Ziel muss mit einem genauen Wurf erreicht werden; es darf nur eine Figur auf einem Feld stehen; wer einen Fehler macht, muss gleich noch einmal würfeln und die Zahl der gewürfelten Felder zurückgehen usw.

Die KT legen auch fest, was geübt wird, z.B.:

> *Die Hose ist gelb.*
> *Eine gelbe Hose.*
> *Ich habe eine gelbe Hose.*
> *Ich mag gelbe Hosen.*
> *Ich mag keine gelben Hosen.*

5 Früher oder später

Papier oder Folie

Es handelt sich hier um Maria Schell und Heinz Rühmann. Die KT beschreiben die junge und die alte Person. Wodurch wirken die Personen jung oder alt?

KT schildern, was sie selbst früher gern getragen haben, was sie heute am liebsten anziehen und was sie sich vorstellen, wie ihre Kleidungsgewohnheiten in zehn Jahren sein werden.

6 Berufskleidung: Wie muss ein … aussehen?

Folie

KL projiziert zunächst die komplette Vorlage, deckt dann die meisten Bilder ab, so dass nur noch eines zu sehen ist.

KL: *An vielen Arbeitsplätzen muss man bestimmte Kleidung tragen. Wie muss Ihrer Meinung nach die Kleidung einer… sein?*

Was für eine Kleidung trägt ein/e … ?

KT rufen zu, KL notiert an der Tafel.

Wenn nichts mehr kommt, fragt KL nach:

Warum muss eine … … tragen?

KT begründen aus ihrer Erfahrung bzw. Kenntnis.

Anschließend wird diskutiert, ob diese Kleidung sinnvoll ist oder nicht.

Die KT setzen die Diskussion anhand der anderen Zeichnungen fort.

Papier

Jeweils eine Kleingruppe bekommt eine Zeichnung, diskutiert und notiert, was eine Person dieser Berufsgruppe unbedingt anziehen muss.

Dann werden die Zeichnungen mit einer anderen Gruppe getauscht. Diese Gruppe schreibt auf und begründet, was eine Person dieser Berufsgruppe sinnvollerweise auf keinen Fall anziehen sollte.

Die Ergebnisse werden im Plenum verglichen. Möglicherweise schließt sich eine Diskussion über Kleidervorschriften an.

Vorschläge für den Unterricht

7 Kleiderordnung in Firmen

Folie

KL projiziert die Vorlage und deckt zunächst nur die linke Spalte mit den Bezeichnungen verschiedener Kleidungsstücke auf. Nacheinander werden die verschiedenen Kleidungsstücke besprochen. KT beschreiben, was sie darunter verstehen, und beurteilen sie ganz subjektiv. Vielleicht kommen auch schon Unterschiede in der Beurteilung heraus, die situationsabhängig sind.

KL deckt dann die erste Spalte auf. „Apple Computer" dürfte als großes Unternehmen in der Computerbranche vielen KT bekannt sein. Gemeinsam wird durchgesprochen, wie in dieser Firma das Tragen der verschiedenen Kleidungsstücke bewertet wird.

KL deckt die anderen Firmennamen auf, zunächst allerdings ohne die Zahlen. Die KT bekommen den Auftrag, in Kleingruppen zu notieren, wie sie die Bewertungen bei den anderen Firmen einschätzen, je eine Gruppe übernimmt eine Firma.

Die Ergebnisse werden gemeinsam im Plenum verglichen und beurteilt. Die KT berichten von ihren persönlichen Erfahrungen im Zusammenhang mit Kleidervorschriften am Arbeitsplatz.

Papier

Die Vorlage wird ohne die Zahlen kopiert. Die KT bekommen jeweils zu zweit eine Kopie und sollen versuchen, die bereits besprochenen Bewertungen von zwei oder drei Firmen zu rekonstruieren.

KT, die dieselben Firmen bearbeitet haben, vergleichen ihre Ergebnisse und versuchen sich zu einigen. Abschließend werden die Originalangaben herangezogen. Diese können von einem KT zur Kontrolle vorgelesen werden.

8 Bilder alter Meister

Folie

KL projiziert die Bilder der Vorlage nacheinander, KT beschreiben sie.

Jeder KT entscheidet sich für ein Bild und begründet, warum dieses Bild bzw. diese Person für ihn am interessantesten ist. In diese Beurteilung können verschiedene Faktoren einfließen. KL sollte so viel wie möglich ansprechen lassen, z.B. Technik, Stil, Maler, Jahrhundert, Umfeld, eigene Interpretation usw.

Die Bilder:
oben links: Henri Rousseau: Pierre Loti
oben rechts: Paul Cézanne: Madame Cézanne
unten links: Pablo Picasso: Olga Koklowa
unten rechts: Vincent van Gogh: Selbstbildnis

Die KT können natürlich auch eigene Bilder mit Portraits oder Personen mitbringen.

LEKTION 2

9 Spiel: Ich will ... werden

Papier

Jede Gruppe mit drei bis vier KT bekommt einen kopierten Spielplan, Spielfiguren und Würfel. Die Gruppe einigt sich auf Spielregeln und legt fest, welche Strukturen geübt werden:

Ich will ... werden.
Ich will ... werden, weil ...
Ich wollte / sollte ... werden.

Eventuell kann die Augenzahl des Würfels noch zur Festlegung der Person genutzt werden, 1 = ich, 2 = du, 3 = er oder sie, 4 = wir, 5 = ihr, 6 = sie.

Wer auf ein Feld mit einem * gekommen ist, kann einen anderen KT fragen:

Was wolltest du früher werden?
Warum bist du nicht ... geworden?

10 Träume

Folie

KL projiziert die Folie. KT beschreiben die verschiedenen Bilder, die unter den zwei gezeichneten Personen stehen. Die KT suchen für jeden Traum möglichst viele Begründungen, z.B.:

Mit neun Jahren wollte Frau Neumann Bäuerin werden,
*   weil sie Kühe und Schweine liebte.*
*   weil sie gern früh aufstand.*
*   weil sie einen netten Jungen kannte und ...*
*   weil sie autonom leben wollte.*
*   weil ihre Eltern ...*

Anschließend wird eine zusammenhängende Geschichte zu beiden Personen entwickelt. Diesmal sollten die Begründungen sinnvoll aufeinander abgestimmt sein.

Papier

KL verteilt die acht unterschiedlichen Bilder mit dem Hinweis, dass es sich um die Traumberufe von zwei Menschen handelt.

Zu zweit oder dritt beschreiben die KT ihr Bild und den darauf dargestellten Beruf und suchen Erklärungen, warum dies ein Traumberuf sein kann.

Dann erläutern die Gruppen ihre Bilder im Plenum.

Vorschläge für den Unterricht

11 Momentaufnahmen

Papier

Die KT bekommen jeweils zu zweit oder zu dritt eine Kopie und beschreiben die dargestellte Situation.

Die Beschreibungen werden gemeinsam im Plenum vorgetragen. KL oder KT notieren Stichworte dazu an der Tafel oder auf Folie.

Jeder KT beschreibt schriftlich, wie er selbst eine der drei Situationen erlebt hat. Wer möchte, kann seinen Text dann vorlesen.

Möglicherweise ergibt sich hier die Notwendigkeit, etwas über das Schulsystem zu sagen, welches die KT durchlaufen haben.

12 Angebote vergleichen

Folie

KL projiziert die Vorlage.

Nach dem Lesen der Anzeigen in *Themen neu 2, Kursbuch*, Seite 31, füllen KL und KT gemeinsam die Folie aus. Die drei Firmen können nacheinander oder parallel durchgenommen werden.

Die KT sollen vor allem feststellen, welche Informationen nicht gegeben werden, und entsprechende Fragen formulieren.

Papier

Jeweils zwei KT füllen die Angaben für eine Firma aus. Die Ergebnisse werden im Plenum verglichen.

Die KT finden Gründe, die für oder gegen eine Bewerbung bei den drei Firmen sprechen.

13 Lebenslauf Petra Maurer

Papier

Jeder KT erhält eine Kopie des lückenhaften Lebenslaufs. Jeweils zwei KT füllen die Kopien gemeinsam aus: Ein KT hat das Kursbuch *Themen neu 2* auf Seite 32 geöffnet, der andere stellt die Fragen, um die Lücken ausfüllen zu können. Anschließend werden die Rollen getauscht.

Beide Fassungen werden am Ende genau verglichen.

14 Das erwartet die Wirtschaft

Folie

KL projiziert die Vorlage. KL und KT erarbeiten gemeinsam die verschiedenen Begriffe.

Zunächst ist zu klären, was unter fachlicher, persönlicher und sozialer Kompetenz verstanden werden kann. Bei Bedarf muss ein Wörterbuch benutzt werden. Die verschiedenen Unterpunkte sollten dann durch die KT herausgefunden und besprochen werden. Die KT können hier über ihre eigenen Erfahrungen berichten und Beispiele aus ihrem Umfeld anführen. Wenn KT bereits einen Beruf haben, werden sie anders reagieren als wenn sie noch in der Ausbildung sind.

Möglicherweise bietet sich ein Gespräch über unterschiedliche Anforderungen in den verschiedenen Herkunftsländern an. Vielleicht ergibt sich auch eine Auseinandersetzung über die Anforderungen an Arbeitnehmer, die sich aus der Globalisierung der Wirtschaft ergeben.

15 Stellenangebote

Papier

Die Anzeigen standen tatsächlich in fast genau dieser Form in einer Tageszeitung. Unter dem Motto „Mal etwas anderes machen" sucht sich jeder KT eine der Anzeigen aus, um sich darauf zu bewerben.

Da die Bewerbung nicht zu ernst gemeint sein soll, müssen die Ausführungen für die Bewerbung, d.h. anzugebende Qualifikationen und Erfahrungen, nicht unbedingt realistisch sein.

Die Präsentation der Ergebnisse kann als Brief, als Telefonat oder als Bewerbungsgespräch erfolgen.

16 Stellengesuche

Papier

KT bekommen in Kleingruppen je ein kopiertes, ausgeschnittenes Stellengesuch. Gemeinsam erarbeiten sie sich den Text und versuchen, mit ihren Worten die Person und deren berufliche Qualifikationen zu beschreiben. Dazu gehören auch die subjektiven Einschätzungen auf Grund der Anzeige.

Dann werden mindestens zweimal die Stellengesuche an die nächste Gruppe weitergereicht und es wird nochmals entsprechend verfahren. Jede Gruppe hat schließlich mindestens drei Personenbeschreibungen.

Diese Beschreibungen werden im Plenum verglichen. Haben sich alle ein ähnliches Bild machen können? Welche Unterschiede gibt es?

Die KT erarbeiten in Kleingruppen ein Stellengesuch für eine Person, die ihnen allen bekannt ist. Das Ergebnis wird aufgeschrieben und, wenn möglich, für alle KT vervielfältigt.

Die KT können natürlich auch eigene Stellengesuche formulieren.

Vorschläge für den Unterricht

LEKTION 3

17 Spiel: Ich interessiere mich für ...

Papier

Jede Kleingruppe bekommt eine kopierte Spielvorlage, Spielfiguren und Würfel.

Die KT spielen, nachdem sie gemeinsam die Spielregeln und die zu übenden sprachlichen Strukturen festgelegt haben. Es können die Vorschläge auf dem Spielfeld genutzt werden, es können aber auch Ergänzungen aufgeführt werden:

> *Ich interessiere mich für ...*
> *Ich ärgere mich immer über ...*
> *Interessierst du dich für ... ?*
> *Ärgert ihr euch auch über ... ?*
> *Wir freuen uns immer auf ...*

Mit der Zahl der Würfelaugen kann auch die Person vorgegeben werden:

1 = ich, 2 = du, 3 = er oder sie,
4 = wir, 5 = ihr, 6 = sie.

18 Was würden Sie tun?

Folie

KL projiziert eines der Bilder der Vorlage. KT tragen zusammen, was sie an der Stelle der dargestellten Person in dieser Situation tun würden. Die KT können sich dabei sowohl auf das beziehen, was auf dem Bild angedeutet ist, als auch ihre Fantasie spielen lassen und eigene Empfehlungen geben.

Um allen KT eine Chance zu geben, sollten alle nach der ersten mündlichen Runde drei bis fünf Antworten aufschreiben. Diese werden dann nacheinander vorgelesen, ggf. sprachlich korrigiert oder inhaltlich ergänzt.

Das zweite Bild kann entsprechend behandelt werden.

Zu einem späteren Zeitpunkt wird diese Vorlage wieder aufgegriffen, um „Wenn-dann"-Sätze zu üben.

> *Wenn der Mann seine Frau anrufen würde, dann könnte sie den Ersatzschlüssel bringen.*
> *Wenn die Frau ...*

19 a, b Ich hol' die Leute aus dem Alltagstrott

Papier

Die kopierte Vorlage wird in Textstreifen zerschnitten.

Jeweils eine Kleingruppe mit drei bis vier KT bekommt einen kompletten Satz Textstreifen einschließlich der Überschrift. Die Streifen werden gleichmäßig unter die KT in der Kleingruppe verteilt.

Alle KT lesen für sich ihre kurzen Texte durch. Jeder KT versucht, mit eigenen Worten mündlich zusammenzufassen, was auf seinen Textstreifen steht.

Dann wird gemeinsam versucht, die Reihenfolge der Textabschnitte zu rekonstruieren. Wer meint, den ersten Abschnitt zu haben, liest ihn vor. Alle müssen mit der Entscheidung einverstanden sein, ggf. müssen alternative Vorschläge gemacht und die Textabschnitte vorgelesen werden. Die weiteren Abschnitte werden entsprechend angefügt. Dabei muss immer wieder durch Vorlesen ausprobiert werden, ob die Übergänge zwischen den Teilen stimmen.

Liegt die Reihenfolge fest, ist es hilfreich die Zettel zu nummerieren. Jeder KT kann „seinen" Text jetzt wieder an sich nehmen.

Zur Überprüfung schlägt ein KT Seite 43 in *Themen neu 2, Kursbuch* auf. Die KT lesen ihre Texte in der festgelegten Abfolge laut vor. Werden Abweichungen festgestellt, sollte herausgefunden werden, weshalb eine andere Reihenfolge gewählt wurde.

20 Straßenkünstler

Folie

KL projiziert die Vorlage, die KT bekommen einige Minuten Zeit, sich die Szene in Ruhe anzusehen. Dann schaltet KL den Projektor aus und lässt die KT aus dem Gedächtnis die verschiedenen Straßenkünstler beschreiben. KT haben wahrscheinlich unterschiedliche Dinge wahrgenommen. KT schildern auch, an wen oder was sie die Szene erinnert hat.

KL projiziert Vorlage wieder, KT ergänzen ihre Aussagen.

KL kann verschiedene Fragen stellen:

> *Finden Sie es gut, dass Künstler sich auf diese Weise präsentieren?*
> *Wem würden Sie Geld geben?*
> *Würden Sie überhaupt auf der Straße jemandem Geld geben?*
> *Wann haben Sie ... ?*

Vorschläge für den Unterricht

21 Personen für ein Rollenspiel beschreiben

Papier

Die Personenbeschreibung ist eine Vorbereitung auf das folgende Rollenspiel (Kopiervorlage 22). Jeder KT bekommt eine Kopie des Fragebogens. In Kleingruppen mit drei bis sechs Personen bereiten sich die KT anhand der Vorlage vor.

Die Vorlage kann auch für andere Rollenspiele eingesetzt werden. Möglicherweise ist es hilfreich, beim ersten Mal die Angaben gemeinsam im Plenum zu erarbeiten; dazu sollte die Vorlage auf Folie kopiert werden.

Die ausführliche Beschäftigung mit einer nur in der Fantasie vorhandenen Person sollte im Unterricht immer wieder mal aufgegriffen werden. Sie macht den meisten KT viel Spaß.

22 Rollenspiel: Ein Streitgespräch?

Papier

Das Spiel wird in mehreren Kleingruppen von jeweils drei bis sechs KT durchgeführt.

Die Vorlage wird zerschnitten, die Rollenkärtchen werden verteilt. Zunächst sollte die Ausgangssituation gemeinsam gelesen und erörtert werden.

Die KT bereiten sich jeweils in einer Gruppe auf die Rollen vor. Sind einzelne KT sehr stark, können sie allein eine Rolle übernehmen, ansonsten ist zu empfehlen, dass immer zwei eine Rolle gemeinsam vorbereiten. Nur einer muss dann beim Spiel sprechen.

Dann lesen die KT, die eine Rolle zusammen übernommen haben, ihr Kärtchen und überlegen sich, was sie in dieser Situation sagen würden. Sie überlegen, wie sie sich fühlen würden und wie sie das beeinflussen könnte.

Wenn alle Gruppen sicher sind, was sie sagen wollen, wird die Szene gespielt. Unterschiede bei der Ausführung der Rollen können besprochen werden. Eventuell können auch die KT zwischen den verschiedenen Gruppen ausgetauscht werden. Die Gespräche finden dann mehrmals mit verschiedenen Varianten statt.

LEKTION 4

23 Spiel: Autoquartett

Papier

Die Vorlage wird kopiert und auf Pappe aufgeklebt, die Kärtchen werden ausgeschnitten. Jeweils vier KT erhalten einen Satz Kärtchen. Die Kärtchen werden gemischt und gleichmäßig verteilt.

Ziel des Spiels ist es zunächst, jeweils alle Kärtchen, die zu einem Autotyp gehören, zusammenzubekommen. Dazu fragen die KT sich gegenseitig, bis sie alle Kärtchen einer Reihe komplett haben. Ein Beispiel: Ein KT hat bereits drei Kärtchen vom Fiat Uno. Es fehlen ihm noch die Angaben zu Preis und Verbrauch. Er fragt deshalb einen anderen KT:

Weißt du, was der Fiat Uno kostet?

Wenn er es weiß, antwortet der KT und gibt, die Karte ab. Wenn nicht, fragt er selbst weiter. Nach einiger Zeit müssten die Kärtchen passend zusammenliegen.

Dann sollte jeder KT alle Kärtchen von einem Autotyp bekommen. Die Angaben werden jetzt verglichen. KT 1 fängt mit einer beliebigen Angabe an:

KT 1: Der Opel Corsa wiegt nur 775 kg.
KT 2: Der ... wiegt weniger, ... kg.
KT 3: Der ... wiegt mehr, ... kg.
KT 4: Der ... wiegt am meisten, ...kg .

Wenn die Kärtchen nicht hingelegt werden, müssen sich die KT sehr konzentrieren, um richtig zu verstehen. Gelegentliches gegenseitiges Überprüfen durch Zeigen der Kärtchen kann hilfreich sein.

Es können verschiedene Fragen oder auch Behauptungen formuliert werden:

Der ... kostet ..., ist der ... teurer?
Der ... ist am stärksten. Er hat ... PS.

24 Radwechsel

Folie

KL projiziert kurz die gesamte Folie, deckt sie dann allerdings wieder zu, um nacheinander die einzelnen Bilder zu zeigen. Die Reihenfolge ist beliebig. KT formulieren mit Hilfe der vorgegebenen Wörter die entsprechende Handlung im Passiv.

KL legt eine Leerfolie über die Bilder und fragt nach der richtigen Reihenfolge des Radwechselns. Gemeinsam werden die Vorgänge geordnet und mit Zahlen auf der Leerfolie notiert. (Möglichst keinen schwarzen Stift zur Beschriftung verwenden.)

Die Bilder werden unter der nun mit Zahlen von eins bis neun versehenen Folie weggenommen. Ohne die Zeichnungen werden die neun Vorgänge wiederholt benannt und von einem KT auf der Folie notiert. Zur Kontrolle wird wieder die gezeichnete Vorlage aufgelegt.

Vorschläge für den Unterricht

| 25a | Autoteile – außen |
| 25b | Autoteile – innen |

Folie

KL projiziert die kopierte Vorlage des Autos von außen. Auf einer darübergelegten Leerfolie beschriften die KT alle Teile des Autos, die sie auf Deutsch kennen. Gemeinsam finden sie die Namen der Teile heraus, die für sie selbst von Interesse sind.

Ebenso wird mit der Vorlage 25b verfahren.

Beide Vorlagen können auch übereinander projiziert werden, so dass alle Teile gleichzeitig zu sehen sind: das „gläserne" Auto.

Mit den Vorlagen kann auch so gearbeitet werden:
KL zeigt auf ein Teil:

> *Wenn ... kaputt ist, kann ich dann noch fahren?*

KT 1 antwortet und fragt beliebig weiter.

Fehlen wichtige Teile auf der Zeichnung? Wenn ja, welche?

26 Arbeit = Zeit = Geld

Folie

Arbeit ist nicht nur in der Autowerkstatt teuer. Leider wird sie nicht immer mit Geld bezahlt. KL fragt, was man im Haushalt täglich machen muss.

Dann zeigt er die Übersicht „Wenn man Hausfrauen bezahlen müsste ...".

> *Wenn man Hausarbeit wie Industriearbeit bezahlen würde, dann müsste man für Kinderbetreuung ... DM bezahlen, für Kochen und Backen ... DM, ...*

KT lesen und diskutieren die Ergebnisse.

Wie sieht die Realität bei den KT aus?

> *Die Kinderbetreuung wird von ... übernommen.*
> *Das Kochen wird von ... gemacht.*
> *Das Backen ...*

Möglicherweise schließt sich eine Diskussion zum Thema an.

KL projiziert die Grafik „Mehr für weniger".

> KL: *1960 wurde für einen halben Liter Bier 15 Minuten gearbeitet, 1995 nur noch 3 Minuten. Wie ist es mit dem Briefporto?*
> KT: *1960 wurde ...*

Nachdem die Beispiele durchgesprochen worden sind, fragt KL nach Beispielen aus den Herkunftsländern der KT. Die Angaben können sich auch auf Tage, Monate oder Jahre beziehen, wenn es um größere Anschaffungen geht.

27 Die Fernbedienung

Folie

Fast jeder kennt Fernbedienungen für verschiedene Geräte im Haushalt. KL projiziert die Vorlage, zeigt auf einen beliebigen Knopf und fragt:

> *Was wird hiermit gemacht?*

KT antworten und fragen weiter.

KT zeichnen selbst Fernbedienungen für andere Geräte und Funktionen. Dies können realistische Beispiele (Fernseher, Videorekorder ...) sein oder frei erfundene für Staubsauger, Spülmaschine, Telefon ...

28 Textpuzzle: Schichtarbeit

Papier

Die Textabschnitte zum Text „Schichtarbeit", *Themen neu 2, Kursbuch*, Seite 55, können wie die Vorlage 19 bearbeitet werden. Die KT sollten hier am besten zu zweit arbeiten.

29 Arbeitsteilung

Folie

KL projiziert die Vorlage nach und nach. Er deckt das erste Bildchen auf.

KT spekulieren, wie die Arbeit zwischen dem Paar (Ehepaar?) aufgeteilt wird.

KL deckt das zweite Bildchen auf. KT zählen auf, was die beiden nun vermutlich alles machen.

Schließlich deckt KL alle Bilder auf.

KT diskutieren, wie das Gespräch beim Abendessen zwischen den beiden laufen wird.

> *Was sagt die Frau, was sagt der Mann?*

Eventuell kann die Situation als Rollenspiel vorgeführt werden.

LEKTION 5

30 a	Verben: Grundform
30 b	Verben: Präteritum
30 c	Verben: Partizip II

Papier

Mit den drei Vorlagen können die verschiedenen Verbformen mit jeweils unterschiedlichen Vorgaben geübt werden. Exemplarisch wird die Vorgehensweise hier anhand der Grundform und des Präteritums erläutert.

Jeweils vier KT bekommen eine kopierte Vorlage mit den Grundformen der Verben und einen Satz

Vorschläge für den Unterricht

Kärtchen mit den Präteritumformen. Das Blatt mit den Grundformen wird in die Mitte des Tisches gelegt, die Kärtchen werden gleichmäßig verteilt.

Nacheinander legen die KT ihre Kärtchen an die richtige Stelle, d.h. auf die entsprechende Grundform. Dies kann zunächst in beliebiger Reihenfolge, in der nächsten Runde nach einem vorher festgelegten Schema erfolgen. Beim Auflegen werden die beiden Formen genannt.

Statt nur die Verbformen zu nennen, können auch jeweils kurze Sätze gebildet werden.

Zum weiteren Üben der korrekten Form, kann das Ablegen auch mit einer „Schummel"-Variante erfolgen. Dabei dürfen die Kärtchen der Mitspielenden natürlich nicht eingesehen und sie müssen mit der Schriftseite nach unten abgelegt werden. Ein KT legt z.B. bewusst ein falsches Kärtchen, sagt dazu aber die zum Grundwort passende Präteritumsform. Schöpft ein anderer KT Verdacht, so muss der erste KT sein Kärtchen aufdecken. Ist es das richtige, darf er noch einmal legen, ist es ein falsches, muss er es zurücknehmen und der andere KT darf weitermachen.

Die Vorlagen können auch wie beim Memory-Spiel eingesetzt werden. Dazu werden alle Formen ausgeschnitten, gemischt und mit der Schrift nach unten auf den Tisch gelegt. Die Kärtchen sollten möglichst symmetrisch und ordentlich liegen. Nacheinander decken die KT jeweils zwei Kärtchen auf und versuchen zusammengehörende Paare zu bekommen.

Weitere Erläuterungen zum Spiel finden Sie bei der Anleitung zur Vorlage Nummer 1, oder Sie fragen Ihre KT.

31   Satzanfänge

Papier

Jede Gruppe bekommt einen Satz der bereits zerschnittenen Vorlage.

Die Streifen werden mit der Schrift nach unten in die Mitte des Tisches gelegt. Der Reihe nach nimmt jeder KT einen Streifen, liest den darauf stehenden Satzanfang vor und führt ihn mit eigenen Worten zu Ende. Eventuell kann diese Übung am Anfang mit einigen Sätzen schriftlich erprobt werden. Die KT sollten aber nach einiger Übung möglichst schnell aus dem Stegreif einen Satz korrekt vervollständigen können.

Die anderen KT entscheiden, ob ein Satz grammatikalisch richtig oder kommunikativ verständlich ist.

32   Lebensziele und Grundsätze junger Deutscher

Folie

KL projiziert die Vorlage, deckt aber zunächst die Prozentzahlen ab.

KT und KL besprechen gemeinsam die verschiedenen Punkte und schätzen (in Prozentzahlen), ob die Ziele wohl für viele oder nicht so viele junge Deutsche gelten.

Projiziert man den Text auf eine Tafel, so lassen sich die geschätzten Zahlen dort mit Kreide anschreiben (oder man schreibt auf einer leeren Folie, die über der Vorlage liegt). Deckt man die Zahlen später auf, so können sie neben den mit Kreide geschriebenen abgelesen werden.

Anschließend kann man darüber diskutieren, wie diese Ziele wohl von jungen Leuten in anderen Ländern eingeschätzt werden. Man kann natürlich auch eine Prioritätenliste für den Kurs erstellen:

Mit welchen Zielen und Grundsätzen können sich die meisten KT, mit welchen die wenigsten KT identifizieren?

In Kleingruppen kann versucht werden, die verschiedenen Punkte mit mehr persönlichen Inhalten zu füllen. Was bedeutet es dem Einzelnen, einen guten Beruf oder eine interessante Arbeit zu haben? Was heißt es konkret, ehrlich zu sich selbst zu sein?

33 a, b   Spiel: Früher … ! Heute … !

Papier

Jede Gruppe bekommt einen kopierten Spielplan, die bereits zerschnittenen Kärtchen mit den inhaltlichen Vorgaben, Spielfiguren und einen Würfel.

Die Spielregeln werden wie üblich vorab besprochen. Die Kärtchen werden mit der Schrift nach unten in die Mitte des Spielplans gelegt.

Ein KT würfelt, setzt seine Figur, nimmt eine Karte und formuliert seinen Satz, indem er die zwei vorgegebenen Informationen verbindet. Er steht z.B. auf einem Feld „früher" und bekommt die Karte „mit der Sonne aufstehen":

Früher sind die Menschen immer mit der Sonne aufgestanden.

Oder: *Ich bin früher immer …*

Wenn die anderen den Satz in Ordnung finden, würfelt der nächste. Er kommt vielleicht auf ein Feld „früher" und bekommt die Karte „mit Öl heizen":

Früher konnte man nicht mit Öl heizen.
Wir haben früher nie…

Vorschläge für den Unterricht

34   Wer kann das gesagt haben?

Papier

Nachdem der Text „Fünf Generationen auf dem Sofa", *Themen neu 2, Kursbuch*, Seite 68/69, gelesen worden ist, bekommen jeweils vier KT einen Satz der ausgeschnittenen Kärtchen. Jeder der vier KT versucht, sich auf eine der Figuren aus dem Text zu konzentrieren. Eventuell muss der Text nochmals kurz durchgelesen werden.

Die Textstreifen liegen in der Mitte auf dem Tisch. Bei geschlossenem Buch soll nun herausgefunden werden, wer was gesagt hat. Dazu werden die Streifen der Reihe nach laut vorgelesen. Ein KT meint, die Aussage passe zu seiner Figur, und erläutert den Zusammenhang. Wenn niemand widerspricht, bekommt er den Streifen.

Immer noch ohne Buch werden dann die Streifen so geordnet, wie sie im Ursprungstext vermutlich enthalten sind. Bei falschen Zuordnungen könnte es hier bereits erneut zu Diskussionen kommen.

Wenn alle sich über die Abfolge einig sind, wird ein *Kursbuch* aufgeschlagen. Die KT lesen im *Kursbuch* nacheinander die Passagen, die zu ihren Figuren gehören, laut vor, die anderen hören zu und vergleichen, ob die Streifen richtig geordnet sind.

35   Hieronymus Bosch: Der Landfahrer

Folie

Hieronymus Bosch war ein bekannter Maler des Mittelalters. Seine Bilder geben einen guten Einblick in das Leben der Menschen seiner Zeit.

Das Bild zeigt einen Pilger, der an einem Wirtshaus vorbeizieht. Die Menschen lebten in sehr ärmlichen Verhältnissen, wie im Hintergrund der Szene zu sehen ist.

KL und KT versuchen gemeinsam zu beschreiben, wie die Menschen damals lebten. Das Bild gibt einige Orientierungen.

LEKTION 6

36   Den Wetterbericht lesen

Papier

KT betrachten allein oder zu zweit die Angaben, die in dem kopierten Wetterbericht zu finden sind. Dies sind u.a. das Datum, der Sonnen- und Mondaufgang, die Europawetterlage, aktuelle Temperaturen, weitere Aussichten, Biowetter und Pollenflug sowie die Ozonwerte vom Vortag.

KL fragt, was die KT normalerweise am Wetterbericht interessiert:

Was steht im Wetterbericht?
Was wird im Fernsehen, im Radio zum Wetter gesagt?

KL und KT finden dann gemeinsam heraus, was die verschiedenen Rubriken in der Vorlage bedeuten. Das Wissen wird sehr unterschiedlich sein, da sich manche Menschen intensiv mit diesem Thema beschäftigen, während andere bestenfalls wissen, dass es Hochs und Tiefs auch beim Wetter gibt. Das Kursgespräch sollte entsprechend offen angelegt werden, um allen eine Chance zu geben, sich zu beteiligen.

Das Gespräch kann ausgeweitet werden auf Erlebnisse bei besonderen Wettererscheinungen, Naturkatastrophen durch Wetter- oder Klimaveränderungen, auf die Folgen nicht beachteter Warnungen usw.

37   Wunschwetter

Papier

Im Kurs soll versucht werden, Lobbys für bestimmte Wetterlagen zu schaffen.

Das Wetter ist so häufig Anlass für Beschwerden, dass sich doch endlich einmal eine Partei oder eine Bürgerinitiative um eine Verbesserung kümmern sollte. Die Initiative wird im Kurs gestartet.

Alle KT bekommen einen bereits ausgeschnittenen, kopierten Abschnitt, in den sie individuell ihr persönliches Wunschwetter eintragen.

Dann setzen sich jeweils die in Grüppchen zusammen, die sich in etwa ein vergleichbares Wetter wünschen. Jede Gruppe muss nun Argumente für „ihr" Wetter finden, um möglichst mehr Mitmenschen dafür zu gewinnen.

Die Argumente werden im Plenum ausgetauscht, vielleicht finden auch Kontakte zwischen den Gruppen statt, um einzelne KT zu überzeugen. Nach einer vorher festgesetzten Zeit wird festgestellt, ob sich Änderungen in den unterschiedlichen Standpunkten ergeben haben.

Das „Spiel" kann hier abgebrochen werden. Hat die Gruppe Lust dazu, können aber auch Überlegungen angestellt werden, was die Bürgerinitiative jetzt konkret machen könnte.

38   Landschaften in Deutschland

Folie

KL projiziert die Vorlage und fragt, wo die vier Regionen in Deutschland liegen. Falls nicht vorhanden, sollte im Kursraum eine Landkarte von Deutschland aufgehängt werden.

Vorschläge für den Unterricht

Gemeinsam interpretieren die KT die Symbole, die unter den Landschaften stehen. Falls KT oder KL die verschiedenen Regionen kennen, sollten sie etwas dazu erzählen. Ansonsten müssen anhand der Bilder und der Landkarte Vermutungen angestellt werden.

Die KT sollen nun einen Urlaub mit ihrer Familie oder mit Freunden in einer der vorgegebenen Regionen planen. Dazu erhält jeder KT mehrere Zettel, auf denen die Tätigkeiten stehen, die mit den Symbolen unter den Bildern der Vorlage bezeichnet werden, also z. B. *reiten, wandern, Theater besuchen.*

Diese Freizeitaktivitäten stellen die eigenen Wünsche sowie die der fiktiven Mitreisenden dar. Aufgabe der KT ist es, sich für eine der Landschaften zu entscheiden und dabei die verschiedenen Wünsche in Einklang zu bringen. Falls sich die Vorstellungen gegenseitig ausschließen, da innerhalb einer Region nicht möglich, muss der KT auch dafür eine Lösung finden.

Im Plenum sollen die KT diesen Entscheidungsprozess darstellen. Im Anschluss daran könnte man darüber sprechen, wie die KT ihre wirklichen Freizeitaktivitäten mit der Familie bzw. mit Freunden planen.

39 Wo liegt eigentlich … ?
Folie

Die KT haben sich in *Themen neu 2, Kursbuch,* Seite 78, mit der Landkarte von Deutschland beschäftigt. Dies kann zum Anlass genommen werden, Informationen über Städte und Landschaften zusammenzutragen, basierend auf dem, was bei den KT hängen geblieben ist und dem, was sie ohnehin bereits wussten.

Karten, die aus dem Gedächtnis ergänzt werden, führen fast immer zu überraschenden und uneindeutigen Ergebnissen, können aber sehr viel Spaß machen, wenn die KT das Ausfüllen nicht als Test, sondern als Spiel auffassen.

Die KT bestimmen selbst, was sie in die Karte eintragen wollen. Sie sollten dabei nicht mogeln und vorher auf einer anderen Karte nachsehen. Zum Beschriften sollte möglichst eine Leerfolie darüber gelegt werden.

Die Beschriftung kann, aber muss nicht kontrolliert werden; wenn, dann sollte dies durch die KT selbst erfolgen.

40 Was bedeutet „Deutschland" für Sie?
Folie

Wenn über Deutschland gesprochen wird, fallen den KT meistens viele Dinge ein, die sie mit diesem Land verbinden.

KL projiziert die Vorlage und fragt, was die KT auf der Zeichnung erkennen. Zum Betrachten brauchen die KT etwas Zeit. Jeder KT sollte dann drei Dinge beschreiben, die er ebenso wie die Zeichnerin (das Original stammt von einer japanischen Schülerin) mit Deutschland in Verbindung bringt. Er sollte auch kurz erklären, warum das für ihn so ist. Die KT sollten sich möglichst nicht wiederholen bzw. können natürlich zu einem Gegenstand andere, noch nicht genannte Beziehungen herstellen.

Die Gruppe kann selbst eine Collage zusammenstellen, schriftlich, mit Zeichnungen, mit Bildern usw.

41 a Sortieren leicht gemacht
41 b Wohin gehört … ?
Papier und Folie

Spätestens wenn Lernende nach Deutschland fahren, werden sie mit dem Problem der Abfallbeseitigung konfrontiert. Möglicherweise ist dieses Phänomen aber inzwischen nicht mehr nur ein Problem deutscher Bürger.

Nicht überall in Deutschland gibt es das gleiche Verfahren. Müll getrennt zu sammeln, ist allerdings inzwischen überall vorgeschrieben.

KL projiziert erst die Vorlage mit den Zeichnungen (41 b) und fragt, was die KT mit den verschiedenen Abfällen machen, z. B. Glasflaschen, Pflanzen, Autoreifen o.ä. Möglicherweise werden verschiedene Formen der Entsorgung angesprochen, vom Recycling bis zur Verbrennung.

Dann bekommt jeder KT eine Kopie des Textes (41 a). Die hier aufgeführten Beispiele für die Abfalltrennung enthalten sehr viele Begriffe, die in Texten normalerweise selten, im täglichen Gebrauch allerdings häufig vorkommen.

Nachdem die KT circa fünf Minuten Zeit hatten, den Text zu überfliegen, projiziert KL wieder die Folie mit den gezeichneten Gegenständen, die „in den Müll gehören".

Müll zu sortieren muss heute vom Verbraucher gelernt werden, will er nicht jedes Mal mit einem wegzuwerfenden Gegenstand in der Hand erst die Mülltrennungsinformation lesen.

KT üben zunächst durch gegenseitiges Fragen, wo was hingehört. Dann kann das Zuordnen als Spiel

85

Vorschläge für den Unterricht

mit Wettbewerbscharakter durchgeführt werden. Drei oder vier Kandidaten sollen so schnell wie möglich korrekt antworten. Dazu wird ein Spielleiter gebraucht, der die Fragen stellt, und jemand, der die Antworten notiert und die Punkte aufschreibt. Die erste Kontrolle der Antworten erfolgt durch die anderen KT. Zur Sicherheit werden dann nochmals die aufgeschriebenen Gegenstände und Antworten nachgesehen.

LEKTION 7

42   Einpacken oder vorher erledigen?

Papier

Jede Kleingruppe bekommt einen kopierten Spielplan, Spielfiguren und einen Würfel. Die Spielregeln werden, wie gewohnt, vorher gemeinsam festgelegt.

Es geht darum, auf jedem Feld einen Gegenstand oder eine Handlung mit dem entsprechenden Anfangsbuchstaben zu nennen und z. B. zu sagen, was man damit tut. Die Gegenstände oder Handlungen sollen sich auf eine Reise bzw. die Vorbereitung für eine Reise beziehen:

Feld A: *Ausweis – Ich muss unbedingt meinen Ausweis mitnehmen.*
Feld F: *Fahrkarte ...*
Feld ...

Für KT, denen zunächst keine Wörter einfallen, stehen einige Wörter auf dem Spielplan. Mehr Spaß macht es mit eigenen Ideen und Erläuterungen.

43   Abenteuer-Reisen

Papier

Jeweils zwei KT bekommen einen der kopierten und ausgeschnittenen Texte, den sie zunächst lesen.

Die KT sollen sich in die Rolle einer Person versetzen, die in dem jeweiligen Artikel erwähnt wird. Sie versuchen, sich die beschriebene Situation vorzustellen, als ob sie dabei gewesen wären, und die Geschichte aus ihrer Sicht zu erzählen. Für das Erzählen schreiben sie sich Stichwörter auf, die ein normales Erzählen (nicht Ablesen) möglich machen.

Die verschiedenen Geschichten werden im Plenum erzählt, möglicherweise ergeben sich Fragen und Antworten bei KT, die die gleiche Vorlage als Ausgangspunkt hatten.

Bei Interesse werden anschließend die Zeitungsmeldungen vorgelesen.

KT können dann auch Reiseerlebnisse, die sie oder Bekannte hatten, erzählen. Lassen sich daraus kurze Zeitungsmeldungen formulieren?

44   Urlaubsangebote

Papier

Vielleicht würden einige KT gern einmal eine Woche gemeinsam in ein deutschsprachiges Land fahren.

Alle KT bekommen eine Kopie der Vorlage und überfliegen sie in circa drei Minuten. KL unterbricht dann und fragt, wer sich zunächst für welches Angebot entschieden hat. Entsprechend setzen die KT sich in Gruppen zusammen.

Jede Gruppe liest nun das sie interessierende Angebot genau durch. Gemeinsam wird das Besondere herausgesucht, eventuell lassen sich zusätzlich Informationen finden, die nicht so deutlich im Text stehen. Die KT notieren ihre Ergebnisse. Möglicherweise sind dann auch nicht mehr alle überzeugt, dass dies die Fahrt wäre, die sie machen wollen.

Im Plenum tragen die KT vor, für welche Tour sie sich entschieden haben und warum. Falls es schon Einwände aus der Gruppe gibt, können diese sofort mit eingebracht werden. Vielleicht gibt es eine Tour, die bei allen viel Anklang gefunden hat, auf die sich alle einigen könnten? Wie müsste ein Angebot aussehen, das alle interessant fänden?

45   Rollenspiel: Ein Jahr in Deutschland

Papier

Jeder KT bekommt eine Kopie der Vorlage. Die KT können sich eine der angedeuteten Personen für das Rollenspiel aussuchen oder auch eine andere Position, aber nicht unbedingt ihre eigene Person einbringen.

Das Spiel wird wie bei Vorlagen 20 und 21 angegeben durchgeführt.

46 a, b   Berufsleben gut, Familienleben schlecht

Papier

Die KT haben vorher den Text „Berufsleben gut, Familienleben schlecht" in *Themen neu 2, Kursbuch*, Seite 93/94, gelesen.

Jede Kleingruppe bekommt eine Kopie der kompletten Vorlage. Die KT können die Streifen zuerst zerschneiden und dann die fehlenden Angaben eintragen oder umgekehrt.

Die KT versuchen wie in Vorlage 34, die Textstreifen den drei Frauen zuzuordnen. Die Ergebnisse werden mit dem Text im Kursbuch verglichen.

Vorschläge für den Unterricht

47 Führend auf den Weltmärkten

Folie

KL projiziert die Vorlage. KT suchen heraus, in welchen Branchen Deutschland auf dem Weltmarkt führend ist, welche anderen Nationen sonst auf den ersten Rängen liegen. KT können dann aufzählen, welche deutschen Produkte ihnen bekannt sind und welche sie außerhalb Deutschlands gesehen haben.

KL fragt dann nach Deutschen sowie deutschen Dingen und Firmen aus der Umgebung der KT. KT sammeln an der Tafel oder auf einer Leerfolie, was sie in ihrer persönlichen Umgebung (nicht in Deutschland) als deutsch erleben.

Hier sollte bewusst von den vorher genannten Konsumartikeln Abstand genommen werden und, wenn möglich, auf Kultur oder Menschen eingegangen werden.

Vielleicht ist dies der Zeitpunkt, gemeinsam mit den Teilnehmenden des Kurses Kontakt zu Deutschen oder Deutschem in der näheren Umgebung aufzunehmen oder zu intensivieren.

LEKTION 8

48 Interesse wecken

Papier

Die KT bekommen in Kleingruppen eine Kopie der Vorlage. Zunächst lesen alle KT die vier verschiedenen Aufgaben durch und entscheiden sich für ein Thema. Die weitere Arbeit sollte in Gruppen erfolgen.

Jede Gruppe formuliert gemeinsam auf der angegebenen Grundlage einen Artikel, der in einer lokalen Tageszeitung stehen oder von einem lokalen Radiosender gesendet werden könnte.

Die Artikel sollten nach Fertigstellung getippt und für die anderen KT kopiert werden.

49 Sensationsmeldungen

Papier

Jeweils zwei KT bekommen eine Kopie der Vorlage.

Die Fotos sind in einer Zeitungsredaktion eingegangen. Leider ist der Text abhanden gekommen. Die KT erfinden einen passenden Bericht zu mindestens einem der Fotos.

Die Ergebnisse werden im Plenum vorgelesen.

50 Mogeln mit der deutschen Politik?

Papier

Jeweils drei KT bekommen eine kopierte und auf Pappe aufgeklebte Vorlage und zerschneiden sie so, dass es verschiedene Kärtchen gibt: Die längeren enthalten Fragen, die kürzeren die dazugehörigen Antworten.

Die KT versuchen zunächst, die richtigen Fragen und Antworten wieder zusammenzubringen. Wenn alle korrekt zugeordnet sind und sich die KT darüber einig sind, werden Fragen und Antworten getrennt gemischt und gleichmäßig verteilt.

Die KT sollen jetzt ihre Kärtchen so schnell wie möglich ablegen. Dabei ist Mogeln erlaubt. Beim Ablegen werden die Fragen mit der Schrift nach oben, die Antworten mit der Schrift nach unten gedreht (zum Mogeln oder Schummeln siehe Text zu Vorlage 30).

51 a, b Zweimal Deutschland – aber welches?

Papier

Auch hier gilt es, nach dem bekannten Verfahren, wie z. B. bei Vorlage 19, den Text aus *Themen neu 2, Kursbuch*, Seite 104/105, zu rekonstruieren.

Als besondere Schwierigkeit wurde bei beiden deutschen Staaten der Begriff „Deutschland" eingesetzt. Beim genauen Lesen sollen wieder die differenzierenden Namen für die beiden Staaten gefunden werden.

LEKTION 9

52 Feste planen

Folie

KL projiziert die Vorlage. Die verschiedenen Anlässe für Feiern werden besprochen.

Jeweils zwei KT planen gemeinsam, wie eine dieser Gelegenheiten zum Feiern konkretisiert werden könnte. Dabei sind die Bedürfnisse älterer Menschen natürlich besonders zu berücksichtigen. Die Feiern können ohne Einschränkungen, was die Kosten oder die Örtlichkeit betrifft, geplant werden.

Was würden wir alles tun, wenn … ?

53 a, b Ein Spiel um das Altwerden

Papier

Jede Kleingruppe bekommt einen kopierten Spielplan, die bereits ausgeschnittenen Kärtchen, Spiel-

Vorschläge für den Unterricht

figuren und Würfel. Vor Beginn werden gemeinsam die Spielregeln und Ziele festgelegt (siehe im Vorwort: *Würfelspiele*).

Beispiel: Ein KT würfelt, kommt auf ein Feld K (= „Kärtchen") und muss eines der Kärtchen nehmen. Er liest die Frage vor und beantwortet sie selbst, oder er fragt einen anderen KT (je nachdem, welche Spielregeln verabredet wurden). Wenn er auf ein leeres Feld kommt, braucht er nichts zu machen.

54   Rollenspiel: Wohin im Alter?

Papier

Jeweils vier KT bekommen eine Kopie der Vorlage. Sie stellen gemeinsam die vier Mitglieder der Familie dar. Jeder KT entscheidet sich für eine Rolle.

Die verschiedenen Rollenkarten sollten zunächst von allen gemeinsam gelesen werden, damit die familiären Beziehungen für alle bewusst sind.

Nach einer vorher festgelegten Zeit spielen die Gruppen ihre Szenen im Plenum vor.

55   Geburtstage

Papier

Jeder KT bekommt eine Kopie der Vorlage. Es werden zunächst beide Texte gelesen. Die KT entscheiden sich dann, mit welchem Text sie weitermachen wollen.

Die KT bekommen den Auftrag, als Reporter zu dem Geburtstagskind zu gehen und selbst Fragen zu stellen. Was möchten sie von einem Menschen erfahren, der älter als ein Jahrhundert ist? Es können persönliche, aber auch auch politische oder gesellschaftliche Fragen sein.

Die Fragen werden anschließend im Plenum besprochen. Wenn in den Texten Antworten zu finden sind, können diese herangezogen werden. Sonst sollten KT gemeinsam spekulieren, wie die Antworten lauten könnten.

56   Krank im Alter?

Papier

Alle KT bekommen den Text. Nach der Lektüre wäre z. B. zu diskutieren, wie Altersdepression für Außenstehende erkennbar ist. Ist die Situation in Deutschland eventuell anders als in anderen Ländern?

LEKTION 10

57   Gedichte von Joachim Ringelnatz

Papier

Jeder KT bekommt eine Kopie der Vorlage. Die KT lesen die Gedichte und tragen sie nach eigenem Interesse, Lust und Laune vor.

58 a, b   Bücher

Folie und Papier

KL projiziert die Vorlage mit den Buchabbildungen, die KT erhalten einzeln je ein bereits ausgeschnittenes Kärtchen mit der Beschreibung zu einem der Bücher.

Zunächst können die Bücher auf der projizierten Vorlage besprochen werden. Manche Informationen sind ablesbar, manche Bücher kennen die KT vielleicht auch.

Die KT lesen dann ihre Kärtchen und erklären, zu welchem Buch die jeweilige Beschreibung gehört.

Die Vorlagen können auch in Kleingruppen als Memory-Spiel eingesetzt werden.

59 a, b   Lesespiel

Papier

Die Kleingruppen bekommen eine kopierte Spielvorlage, die zerschnittenen Kärtchen, Spielfiguren und einen Würfel. Gemeinsam werden Ziele und Spielregeln festgelegt. (Weitere Hinweise stehen im Text zu Vorlage 53 bzw. im Vorwort.)

60   Bücherquartett

Papier

Die KT entwerfen ein eigenes Quartett-Kartenspiel für Bücher.

Dazu bekommt jede Kleingruppe Kopien der Vorlage. Die KT überlegen sich jetzt verschiedene Bücher, bei denen sie die notwendigen Angaben machen können. Es sollte angegeben werden, um was für ein Buch es sich handelt (Sachbuch, Roman, Kinderbuch, Fotoband, ...), wer der Autor oder die Autorin ist, wie das Buch heißt und ein bis drei Stichworte zum Inhalt.

Diese Informationen werden möglichst leserlich in die Kärtchen eingetragen. Anschließend werden die Kärtchen ausgeschnitten, gemischt und die Gruppe probiert selbst, ob das Spiel funktioniert. Die Gruppen tauschen dann ihre Produkte aus und spielen mit den Kärtchen der anderen.